J. FÈVRE

LA
TERRE ET L'HOMME
PAR L'IMAGE

HACHETTE & C.ie ÉDITEURS

1 fr. 50

LA
TERRE ET L'HOMME
PAR L'IMAGE

LA FRANCE

LA TERRE ET L'HOMME PAR L'IMAGE

Par M. J. FÈVRE, professeur à l'École normale de Dijon

COMPREND

3 fascicules in-8 de 96 pages, illustrés d'environ 250 gravures.

Chaque fascicule broché : **1** fr. **50** ; cartonné : **2** fr.

L'EUROPE (250 gravures) . . . . 1 vol.

LA FRANCE (246 gravures) . . . . 1 vol.

LES COLONIES FRANÇAISES (261 gravures) . . . . 1 vol.

L'Ouvrage complet, 1 vol. in-8°, cartonnage toile : **5** fr.

J. FÈVRE

PROFESSEUR A L'ÉCOLE NORMALE DE DIJON

LA TERRE ET L'HOMME

PAR L'IMAGE

Voyage pittoresque à travers le Monde

offrant un moyen facile de connaître à peu de frais,
d'après des photographies, l'aspect exact des divers
pays, les costumes et les mœurs des habitants

LA FRANCE

246 Gravures

DEUXIÈME ÉDITION, REVUE

UNE BOULONNAISE

PARIS — LIBRAIRIE HACHETTE & Cⁱᵉ — 79, Boulevard Saint-Germain
1910

PRÉFACE

Il y a vingt ans à peine il était très difficile, sans voyager, de se faire une idée exacte des divers aspects de la terre. Le grand public et les élèves n'avaient le choix, pour satisfaire leur curiosité, qu'entre de sèches énumérations de noms ou des descriptions plus ou moins fantaisistes ornées de dessins plus ou moins exacts.

Aujourd'hui, grâce à la photographie, il est facile de donner en des albums des reproductions exactes et méthodiques des divers pays du globe.

La géographie vivante, c'est-à-dire la reproduction exacte de tous les pays du monde, aspects physiques des régions diverses, vues des villes, des travaux de l'homme, des habitants, de leur manière de vivre, intéresse tout le monde, particulièrement les écoliers qui ont toujours besoin qu'on leur *montre* ce dont on leur parle.

Nos albums s'adressent donc à toutes les catégories de lecteurs, à toutes les catégories d'écoliers : grands et petits élèves de nos lycées, de nos écoles normales, de nos écoles primaires supérieures et de nos écoles primaires.

Pour les rendre accessibles à tous, nous nous sommes bornés à représenter, par quelques gravures dont le choix a été l'un des objets essentiels de nos préoccupations, les aspects caractéristiques des divers pays.

De courtes notices en tête de chaque chapitre et des légendes explicatives accompagnant chaque gravure servent de guide au lecteur dans cette instructive et amusante promenade à travers le monde.

LA FRANCE DU NORD

Au plateau froid, marécageux et boisé de l'Ardenne, que la Meuse traverse à grand peine, font suite toute une série de plaines qui constituent le Hainaut, la Flandre, l'Artois et la Picardie. Ces plaines se terminent sur la mer du Nord et la Manche par une côte basse et bordée de dunes, sauf au voisinage du Boulonnais. Le littoral ne doit son activité qu'à la proximité de l'Angleterre et au grand développement économique de l'arrière-pays.

1. — PAYSANS FLAMANDS

Les plaines de la France du Nord sont, en effet, extrêmement fertiles, et, savamment cultivées, elles fournissent des récoltes abondantes. Le sous-sol, lui aussi, est très riche : il renferme en grande quantité la houille qui assure la force motrice aux nombreuses usines de toute la région. Le transport du combustible et des matières premières est facilité par la navigabilité des rivières au cours très régulier et par la présence de nombreux canaux. Aussi la population est-elle extrêmement dense, et, en certaines régions, les villes, dont le nombre des habitants s'accroît rapidement, se succèdent presque sans interruption.

2. — LA MEUSE ENTRE CHÂTEAU-REGNAULT ET MONTHERMÉ (ARDENNES)

Le plateau ardennais est à peine ondulé. Sa monotonie n'est guère interrompue que par les vallées des rivières. Celles-ci traversent, en effet, l'Ardenne en y formant des gorges profondes et étroites, souvent sinueuses. Telle est la vallée de la Meuse à partir de Mézières : le plateau la domine d'environ 200 à 300 mètres ; par endroits, les talus sont si abrupts que le soleil luit quelques heures seulement dans le fond de la vallée. Cette partie du cours de la Meuse est aussi curieuse que la vallée du Rhin entre Bingen et Bonn.

Photo P. Combes.

3. — LA BAIE DE LA SOMME ENTRE SAINT-VALÉRY ET LE CROTOY

La majeure partie du littoral compris entre la frontière franco-belge et la Normandie est très basse. Souvent, les rivières ont comblé en partie leurs estuaires. Tel est le cas de la Somme, dont les alluvions ont formé de véritables polders qui se terminent au bord de la mer par des bancs de sable découverts à marée basse et submergés à marée haute. En revanche, la côte du Boulonnais est bordée de hautes falaises au pied desquelles s'est établi le port de Boulogne, l'un des plus actifs parmi nos ports de commerce et surtout de pêche, habité par une vaillante population qui a conservé pieusement son costume local et ses traditions.

4. — PÊCHEUSE DE BOULOGNE-SUR-MER

Photo Schifler.

5. — LES DUNES ENTRE MERLIMONT ET BERCK-SUR-MER (PAS-DE-CALAIS)

Entre les falaises du Boulonnais et la baie de la Somme s'étendent des dunes, longues traînées de sable que le vent déplace sans cesse et pousse vers l'intérieur. Pour protéger le pays avoisinant, il a fallu fixer les dunes par des semis de plantes à racines fortes et traçantes, les « oyats ». C'est dans les environs de Berck-sur-Mer, où a été installé un important sanatorium pour les enfants malades, que les dunes atteignent leur plus grand développement.

Phot. P. Combes

6. — UN PRÉ SALÉ

A SAINT-VALÉRY (SOMME

Dans la région maritime de la plaine du Nord, une partie des terrains de culture les plus fertiles ont été conquis sur la mer. Il en est ainsi, par exemple, des « mollières » ou « prés salés » de l'embouchure de la Somme. Les marécages ont été desséchés et assainis; il y pousse une herbe savoureuse que paissent de nombreux troupeaux de moutons. Les « wateringues » les « moeres » du littoral flamand sont aussi des terres conquises sur la mer au cours des siècles.

Photo Gruyer

7. — UNE BOULONNAISE.

8. — LA FOSSE THIERS À ANZIN

Anzin est l'un des principaux centres d'extraction de la houille dans le bassin du Nord. Les concessions de la Compagnie d'Anzin couvrent l'énorme superficie de 28 000 hectares. L'exploitation a commencé en 1717. Aujourd'hui, on estime à plus de 20 000 le nombre des ouvriers employés par la Compagnie. Toute la région est parsemée de hauts chevalements qui abritent les grandes roues à l'aide desquelles la houille est remontée à la surface du sol.

9. — ROUBAIX : L'AVENUE DE PARIS

10 — UN MINEUR AU TRAVAIL.

Le Nord de la France a, comme les États-Unis, ses « villes-champignons ». Roubaix, par exemple, n'avait que 7000 habitants au commencement du XIXe siècle; il en a aujourd'hui 125 000, et, avec les communes suburbaines, 200 000. L'industrie dominante à Roubaix, ainsi qu'à Tourcoing, est l'industrie textile. Roubaix tisse en particulier les laines importées d'Australie, du Cap, de la République Argentine, par le port de Dunkerque; la spécialité roubaisienne est la fabrication des draps, des velours et des tapis. Roubaix se distingue des autres villes industrielles par le contraste qui existe entre les ruelles sombres et les pauvres maisons des quartiers ouvriers et les opulentes constructions du quartier riche. L'avenue de Paris est « la plus somptueuse des grandes voies publiques dans les villes de province, remplie d'hôtels superbes dont beaucoup sont comparables aux plus beaux palais parisiens de l'avenue de Friedland et du quartier Monceau. »

11. — UNE CITÉ OUVRIÈRE À ANZIN

Les mineurs habitent généralement au voisinage de la fosse où ils travaillent, dans des villages, ou « corons », aux longues rues régulières bordées de maisons basses, construites en briques que la fumée des usines a bien vite fait d'enduire d'une couche de suie, ou dans les faubourgs des villes comme Anzin, Denain, etc. Tout y est d'un noir de charbon : le sol lui-même est recouvert d'une couche de poussier de houille.

LA FRANCE DU NORD-EST

Le massif des Vosges, sur lequel s'appuie aujourd'hui la frontière entre la France et l'Allemagne, n'est plus qu'une ruine. Ses sommets arrondis ne dépassent pas l'altitude de 1425 mètres. Entre eux se creusent des vallées qui mènent à des cols permettant de passer aisément d'un versant à l'autre. Dans ces vallées dorment parfois des lacs, et sur les flancs des montagnes s'étendent de grandes et belles forêts. Grâce à leurs ressources agricoles et à l'utilisation industrielle de la force motrice hydraulique, les Vosges ont une population nombreuse : les hameaux et les fermes sont dispersés dans toute la montagne; des villes se sont établies dans les vallées les plus prospères. Le plateau lorrain, que limite à l'Ouest l'étroite vallée de la Meuse encadrée par deux rangées de côtes, est avant tout une région agricole; mais l'industrie s'y est développée en raison de la présence d'importants gisements de fer. Il a une grande ville, une véritable capitale : Nancy.

1. — DANS LA FRANCE D'HIER : COIFFES ALSACIENNES

2. — LE VALTIN (VOSGES).

Le Valtin est un petit village situé au pied du col de la Schlucht, sur l'une des sources de la Meurthe. La vallée est dominée à droite et à gauche par des hauteurs boisées dont l'altitude est d'environ 1300 mètres. Ici, point de pentes abruptes, point d'aiguilles comme dans les Pyrénées ou surtout dans les Alpes; au contraire, des pentes douces, des monts arrondis auxquels on donne souvent le nom significatif de « ballons », très peu de sommets dominant l'ensemble du massif.

Photo Neurdein

3. — LE COL DE LA SCHLUCHT

Le col de la Schlucht, qui unit la vallée de la Vologne à celle de la Fecht, est l'un des plus fréquentés des Vosges bien qu'il se trouve à 1.150 mètres d'altitude, au pied du Hohneck dont la hauteur est de 1.366 mètres. Une belle route de voitures conduit de Gérardmer à Munster, et au sommet du col, exactement à la ligne frontière, un hôtel a été édifié pour recevoir en été les nombreux touristes qui parcourent la région.

Photo V. Franck

4. — LE LAC DE RETOURNEMER

C'est dans la haute vallée de la Vologne que se trouvent les plus beaux lacs des Vosges mers dans le langage local : ceux de Gérardmer, de Longemer et de Retournemer. Ce dernier est le plus petit; il n'a que 5 hectares et demi de superficie. Le barrage qui le ferme est formé de blocs amenés par un ancien glacier, et en arrière desquels les eaux de la montagne se sont accumulées. Les glaciers ont en effet recouvert autrefois le massif vosgien; agissant à la façon d'un gigantesque rabot, c'est eux qui, dans une large mesure, ont contribué à en diminuer l'altitude.

Photo V. Franck.

5. EXPLOITATION FORESTIÈRE

Les pentes vosgiennes, qui reçoivent des pluies abondantes, sont couvertes de magnifiques forêts de sapins et de hêtres. Quand l'abatage au bois a eu lieu dans la montagne, les billes sont chargées sur des sortes de traîneaux, les

DANS LES VOSGES

schlittes, et descendues ainsi le long des pentes, parfois sur un chemin de schlitte formé de routes et de traverses. On les amène à la scierie, mue par quelque chute d'eau, où elles sont débitées en planches ou réduites en pâte à papier.

6. — LE SCHLITTAGE

Photo V. Franck.

7. — SAINT-DIÉ

Saint-Dié est situé sur la haute Meurthe, dans un riant bassin entouré de montagnes boisées, et à un carrefour de routes. Comme toutes les villes de la Montagne, c'est un centre industriel important : filature et tissage du coton, bonneterie, féculerie, papeterie, etc. Ces industries utilisent la force motrice hydraulique, fournie en particulier par la Meurthe

Photo Fleuriot.

8. — PLOMBIÈRES-LES-BAINS

Sur les confins des Vosges se trouvent d'assez nombreuses villes d'eaux. Parmi les plus connues figurent Vittel et Plombières. Celle-ci est blottie dans une vallée étroite et pittoresque, entourée de collines que couvrent de belles forêts.

9. — VITTEL : LES GALERIES-PROMENOIRS

Photo Auerbach.

10. — RÉCOLTE DU HOUBLON EN LORRAINE

La culture du houblon n'est pas exclusivement lorraine, mais elle est très répandue sur le plateau lorrain. Lorsque le houblon est arrivé à maturité, on arrache les hautes perches, on les pose avec précaution sur des chevalets, et les cônes sont détachés et recueillis par des femmes et des enfants.

11. — UN VILLAGE DE LA PLAINE VOSGIENNE.

Le long d'une rue principale s'étendent les fermes. « Fumier, charrettes, ustensiles agricoles se prélassent librement sur l'espace ménagé des deux côtés de la chaussée, le long des maisons. »

Photo Monmarché

Nancy est pour la Lorraine une véritable capitale. Elle mérite ce titre non seulement par son importance qui a grandi sans cesse depuis trente ans, (plus de 100 000 habitants), mais encore par la beauté de ses monuments et de ses promenades (jardin de la Pépinière), et par son cachet d'élégance. La place Stanislas, la plus remarquable de Nancy, est une des plus belles de toute l'Europe. « On y voit la magnificence jointe à la simplicité, à l'harmonie des proportions, à la déli-

12. — NANCY : PORTE DÉSILLES
à l'extrémité du Cours Léopold.

13. — NANCY : LA PLACE STANISLAS

Photo Neurdein.

catesse », dit l'architecte Héré, qui en a tracé le plan, et cet éloge est parfaitement juste.

Photo Monmarché.

14. — LA VALLÉE DE LA MEUSE
PRÈS DE DOMRÉMY

Aux environs de Domrémy, la patrie de Jeanne d'Arc, la Meuse coule entre deux lignes de hauteurs parallèles. Sa vallée est ainsi resserrée à droite et à gauche par des collines dont les plus élevées et les plus continues sont les Côtes de Meuse, à l'est, que la gravure montre très nettement. En temps ordinaire, la Meuse ne roule qu'une faible quantité d'eau : elle n'est, comme on le voit, qu'un modeste ruisseau. Mais quand arrivent les pluies d'hiver ou même à la suite de pluies d'orages, en été, elle grossit subitement et inonde les prairies qui tapissent sa vallée.

Photo Neurdein.

15. — MAISON DE JEANNE D'ARC À DOMRÉMY

Photo Bouvard.

16. — LA MEUSE A SAINT-MIHIEL

Saint-Mihiel, comme les autres villes de la Meuse, est situé en un point où les Côtes, qui forment en cet endroit de véritables falaises semblables aux ruines d'un rempart, offrent un passage naturel à l'un des petits affluents du fleuve.

LE BASSIN PARISIEN

Entre l'Ardenne, les Vosges, le Massif Central et l'Armorique, s'étend une vaste dépression : le Bassin Parisien, formé de régions dont l'aspect et les productions sont très divers.

C'est par exemple le Morvan, qui semble détaché du Massif Central ; ce sont la Côte d'Or et les plateaux d'où sortent la Seine, l'Aube et la Marne ; c'est la Champagne, dont le sol, généralement crayeux, ne porte que de maigres moissons. C'est, au centre, l'Ile-de-France, vers laquelle convergent les rivières, où voisinent les sables de la Forêt de Fontainebleau et du Gâtinais, les limons fertiles de la Brie, les plateaux secs et les fraîches vallées du Soissonnais et du Valois, les collines de sable des environs de Paris.

Au sud, c'est le fertile Val de Loire ; c'est la pauvre et marécageuse Sologne ; ce sont les Champagnes berrichonnes ; c'est la Touraine où les vallées riantes s'étalent entre les plateaux secs.

A l'ouest, par delà la Beauce et ses terres à blé, c'est la Normandie, aux aspects si variés, qui se termine sur la Manche, soit par de hautes falaises, soit par des plages basses. Au cœur de la Haute Normandie serpente la Seine sur laquelle se sont établis deux de nos plus grands ports : Rouen et Le Havre.

Photo Renouard.

1. — CHARBONNIERS DU MORVAN

Photo Bizot.

2. — UN PAYSAGE DU MORVAN : LE LAC DES SETTONS

Le Morvan n'a qu'une altitude médiocre : 902 mètres au maximum. Il est surtout formé de longues croupes boisées, qui dominent d'environ 250 mètres de fraîches vallées. C'est un paysage de ce genre que représente la gravure. Au centre se trouve le lac artificiel des Settons, créé sur le cours de la Cure pour assurer la régularité du flottage des bois et de la navigation de l'Yonne.

Photo Neurdein.

3. — LA VALLÉE DU COUSIN PRÈS D'AVALLON

En certaines régions, le Morvan est plus accidenté qu'au voisinage du lac des Settons. Les rivières se frayent un chemin dans des gorges souvent très étranglées et très pittoresques. Telle est la vallée du Cousin, affluent de la Cure, dans le voisinage d'Avallon.

Photo Lancelot.

4. — LA SOURCE DE LA SEINE

C'est au milieu des plateaux du Châtillonnais, sur le territoire de la commune de Saint-Germain Source-Seine, à 471 mètres d'altitude, que la Seine prend sa source. Le fleuve naissant est un bien pauvre ruisseau qui sort de la roche autour de laquelle la ville de Paris a fait élever une grotte artificielle. Il disparaît souvent pendant les étés secs. Mais à Châtillon-sur-Seine, après un parcours de 50 kilomètres, il est grossi par les eaux d'une abondante fontaine appelée « douix ».

Photo E. Schiffer

5. — LA CHAMPAGNE POUILLEUSE

6.—LES CAVES D'UNE MAISON DE « CHAMPAGNE » DE REIMS

La Champagne tout entière n'est pas le pays sec et aride qu'évoque ce nom; il y a une Champagne humide. Mais la région humide est très étroite, et la majeure partie de la Champagne est formée de monotones plaines crayeuses, « infécondes et presque nues jadis, mais depuis une trentaine d'années modifiées et fertilisées par des plantations d'essences résineuses et par d'intelligentes cultures ». C'est à cette région qu'on a donné le nom de Champagne pouilleuse. La vigne prospère sur les coteaux qui avoisinent Reims et Épernay. C'est là qu'on récolte le vin qui sera employé à la fabrication des grands mousseux de Reims, d'Épernay, d'Aÿ, d'Avize, de Vertus, et emmagasiné en attendant la vente, en d'immenses caves creusées dans la craie. Des soins minutieux sont donnés à la vendange, car les raisins de première qualité conviennent seuls

7. — LES VENDANGES EN CHAMPAGNE

à la fabrication du bon « Champagne ». Les porteurs vident leurs paniers non pas directement dans la cuve, mais sur des claies d'osier où se fait le triage des grappes.

Photo Gaillard.

8. — LE CONFLUENT DE LA SEINE
ET DE LA MARNE

C'est au voisinage immédiat de Paris que viennent se réunir les principales rivières du Bassin Parisien. Le confluent de la Seine et de la Marne, par exemple, est aux portes mêmes de la capitale, à Charenton. Les deux rivières ont un cours lent et régulier, et sont par

9. — MOULINS À EAU SUR LA MARNE, À MEAUX

conséquent toutes deux très propres à la navigation. Sur la Marne se trouvent à Meaux de pittoresques moulins datant du XVIᵉ siècle. Ils sont construits au-dessus de la rivière et semblent perchés sur des échasses.

Photo A. Quinet.

10. — DANS LA FORÊT DE FONTAINEBLEAU : ENVIRONS DE BARBIZON

La Forêt de Fontainebleau, qui couvre plus de 16 000 hectares, est l'une des plus belles de France. Elle a de magnifiques entassements de rochers, et les sables couvrent par endroits de vastes étendues. Grâce à ses beautés naturelles, la Forêt de Fontainebleau est un des séjours de prédilection des artistes, qui se sont fixés surtout à Barbizon et à Marlotte.

Photo Brodard.

11. — UNE FERME EN BRIE, À NOLONGUE, PRÈS DE COULOMMIERS

Le plateau briard est une région agricole très prospère, où l'on pratique surtout la culture des céréales et celle des betteraves à sucre. Les riches fermes briardes sont d'énormes bâtiments, pour la plupart très anciens, ayant souvent des allures de forteresse.

Photo Mme la D^{sse} d'Uzès.

12. — PIERREFONDS (OISE)

13. — ÉQUIPAGE EN FORÊT DE COMPIÈGNE

Au nord de Paris se trouvent les grandes forêts de Chantilly, d'Ermenonville, de Compiègne, l'un des domaines de chasse favoris des souverains depuis l'époque mérovingienne. A la lisière de la forêt de Compiègne, le bourg de Pierrefonds possède un château célèbre, récemment restauré, type de l'architecture féodale au XIVe siècle

Photo Rousseiel.

14. — LA LOIRE À CHAUMONT (LOIR-ET-CHER)

A partir de Gien, la Loire, dont la pente avait été considérable à la descente du Massif Central, commence à couler en plaine, et elle semble vouloir se diriger vers la Seine. Mais elle dévie, s'engage dans une vallée que dominent des hauteurs parfois assez élevées. Les matériaux que le fleuve a arrachés à ses rives dans son cours supérieur se déposent dans le lit moyen et forment des bancs de sable tels que ceux que représente la gravure. Si l'on ajoute à la présence de ces bancs de sable l'alternance de crues formidables et de longues périodes de basses eaux, on comprendra pourquoi le plus long de nos fleuves est en même temps le moins utilisable. De grands efforts sont faits actuellement pour mettre un terme à cette situation fâcheuse. On demande que des travaux soient entrepris en vue de régulariser la Loire, ou bien qu'un canal latéral soit creusé de Gien à Nantes.

Photo Chabot.

15. — PAYSANNE DE L'ANJOU

Photo Bousrez.

16. — LA LOIRE À SAUMUR

A Saumur, la Loire s'est déjà assagie. Mais elle n'a encore qu'une navigabilité très médiocre: elle ne présente le mouillage de 1 m. 30 indispensable à la navigation que pendant 222 jours par an. La Loire ne sera pratiquement navigable qu'à partir de Nantes.

Photo Monmarché

17. — UN VILLAGE DE SOLOGNE

La Sologne, au sol argileux, couvert de mares d'eau stagnante, fut longtemps l'une des régions les plus déshéritées de la France. Grâce aux travaux de desséchement et d'assainissement qui y ont été opérés, grâce aussi aux progrès des méthodes de culture et d'élevage, la Sologne est devenue prospère. Aux maisons de

bois et de torchis, couvertes en chaume, se sont substituées les maisons en briques ou en pierre, à toits de tuiles rouges. — Le sol des régions qui avoisinent le Val de Loire, celui de l'Anjou et de la Touraine en particulier, est formé d'une craie dure appelée craie tuffeau. Les habitations ont souvent été taillées dans la roche elle-même, ainsi que le montre la gravure 19. « Nous sommes ici devant la demeure de troglodytes à leur aise : cuisine et salle à manger au rez-de-chaussée, chambre à coucher au premier. Un hangar a été creusé pour abriter les bestiaux et les instruments de travail. C'est une petite ferme, telle qu'on en voit

Photo Bousrez

18. — LANTERNE DE ROCHECORBON
ancienne tour de guet dominant la Loire, près de Tours.

Photo L. Rousselet.

19. — FERME TAILLÉE DANS LE ROC, A BOURRÉ (LOIR-ET-CHER)

beaucoup dans le Loir-et-Cher, à Saumur, à Vouvray, etc. ». Dans certains villages, l'église elle-même est entièrement souterraine.

Les paysans normands, dont on vante avec raison l'esprit pratique et réfléchi, montrent parfois un peu trop de défiance à l'égard du progrès et ils passent pour être chicaneurs. L'alcool fait malheureusement de grands ravages dans cette population pourtant si robuste. Le voisinage de la mer et l'humidité

20 — PAYSANS NORMANDS

21. — UN PÂTURAGE NORMAND, AU BURSARD (ORNE)

du climat qui en est la conséquence assurent aux diverses régions normandes une assez forte unité. Ce sont surtout des terres propres à l'élevage. De magnifiques pâturages occupent le fond des vallées et les plaines ; ils nourrissent d'excellentes races de vaches laitières et de chevaux (chevaux de travail comme les « percherons », ou chevaux de luxe comme les « normands »).

22. — UNE FERME NORMANDE.

Les fermes normandes, qui sont surtout des fermes d'élevage, ont une apparence cossue que justifie la richesse du terroir. A cause de la fréquence et de l'abondance des pluies, elles portent toutes le toit très incliné et débordant. La violence du vent les oblige souvent à s'entourer d'un rideau de grands arbres, plantés sur des buttes, ou « fossés », afin que leurs racines aient plus de prise.

Photo Neurdein.

23. — LES FALAISES D'ÉTRETAT

*Le plateau de Caux se termine brusquement sur la
mer par une muraille haute de 80 à 100 mètres. La
mer en bat incessamment le pied, et la falaise s'écroule
par blocs entiers, ne cessant ainsi de reculer. Les
plus belles falaises sont celles d'Étretat; les blocs les
plus résistants forment des piliers isolés restés debout
en avant de la falaise comme des témoins de son
ancienne extension: parfois la mer s'est frayé une porte,
semblable à un gigantesque arc de triomphe, à travers
le mur de la falaise.*

Photo Chusseau Flaviens.

24. — PETITE VILLE ET BAIGNEUR

Photo Neurdein.

25. — LA PLAGE DE VILLERS-SUR-MER (CALVADOS)

*En avant des dernières pentes du Pays d'Auge s'étendent de larges et belles plages couver-
tes de sable fin qu'y dépose la mer et où se sont fondées nombre de stations balnéaires très
fréquentées par les Parisiens. Tel est, par exemple, Villers-sur-Mer, entre l'embouchure
de la Touques et celle de la Dives.*

26. — ROUEN

Rouen s'est établi sur la Seine, au point où cesse la navigation maritime, dans une situation analogue à celle de Nantes sur la Loire et de Bordeaux sur la Garonne. Le beau fleuve aux eaux lentes est dominé par les hauteurs sur le penchant desquelles s'échelonnent les maisons. En même temps qu'un port de commerce où abordent à la fois les vaisseaux de haute mer et les chalands de rivière qui ont descendu la Seine, Rouen est un centre industriel important et une ville riche en beaux monuments.

Photo Marchand, à Dieppe.

27. — PHARE DE DIEPPE PAR GROS TEMPS

Photo Neurdein.

28. — LE HAVRE, L'ENTRÉE DU PORT

Le port du Havre a été fondé à l'embouchure même de la Seine, tout près du cap de la Hève dont la mer bat les falaises crayeuses. Grâce aux travaux qui y ont été exécutés en vue d'augmenter la superficie des bassins et d'en faciliter l'accès, le Havre voit son trafic s'accroître sans cesse. C'est actuellement notre second port maritime.

PARIS

Ce n'est pas seulement par sa population 2 700 000 habitants, le 1/14 de la population totale du pays que Paris occupe en France une grande place. La capitale de la France en est aussi le véritable centre. Elle le doit à sa situation au milieu du Bassin parisien, sur un grand fleuve facilement navigable qui reçoit en cet endroit ses principaux affluents.

Paris est aujourd'hui le siège du gouvernement; il est le centre intellectuel de la France, le principal foyer de l'activité commerciale et industrielle du pays, le client le plus important de l'agriculture française.

Aussi la vie du Paris moderne est-elle extraordinairement active : ses rues et ses places, son fleuve, son sous-sol même sont le théâtre d'une circulation intense.

Paris ne saurait être séparé des agglomérations avoisinantes, de sa banlieue tantôt industrielle ou agricole, tantôt séjour de plaisance des Parisiens. Un groupe de 800 000 habitants doit s'ajouter ainsi à la population parisienne.

Photo Neurdein fr.

1. — LES TRANSPORTS À PARIS : EN AUTOBUS

2. — LA SEINE À PARIS

La Seine traverse Paris sur une longueur de 12 kilomètres. C'est un beau fleuve dont la largeur atteint 200 mètres en moyenne, bien qu'il soit étroitement resserré entre les quais. Au centre de Paris, la Seine se divise en deux bras qui enserrent l'île Saint-Louis et l'île de la Cité, berceau de la ville. La gravure représente la Seine à la pointe ouest de l'île de la Cité. Le bras de gauche est consacré à la circulation des bateaux-omnibus. Dans celui de droite passent lentement les péniches lourdement chargées. Le Pont-Neuf enjambe le fleuve.

Photo Berthaud.

3. — LA CHAMBRE DES DÉPUTÉS

Paris est le siège du pouvoir exécutif et du pouvoir législatif. Le palais de l'Élysée, résidence du Président de la République, la plupart des Ministères, le palais de la Chambre des Députés sont situés dans les VII⁰ et VIII⁰ arrondissements. La Chambre des Députés tient ses séances au Palais-Bourbon, situé sur la rive gauche de la Seine, au bout du Pont de la Concorde.

Photo Gaillard.

4. — LE PALAIS DE L'INSTITUT

Le palais de l'Institut est le siège de l'Institut de France, formé de la réunion des cinq Académies : Académie française, Académie des Inscriptions et Belles-lettres, Académie des Sciences, Académie des Beaux-Arts, Académie des Sciences morales et politiques ; l'Académie de Médecine ne fait pas partie de l'Institut. Ce palais est presque au centre de Paris, sur la rive gauche de la Seine, à l'extrémité du Pont des Arts.

Photo Guy.

5. — LA GARE SAINT-LAZARE

C'est à Paris que convergent toutes les grandes lignes des chemins de fer français, exception faite pour le réseau du Midi. Chaque réseau a sa gare terminus. La gare Saint-Lazare est le terminus des grandes lignes de Normandie. De là partent aussi nombre de trains faisant le service de la banlieue ou de la ceinture de Paris. C'est celle des gares de Paris d'où partent et où arrivent le plus grand nombre de voyageurs.

6. — LE PORT SAINT-NICOLAS

Paris est le port le plus important de toute la France par le chiffre du tonnage, qui a doublé en 20 ans. Il a plusieurs ports dont le principal est le Port Saint-Nicolas, quai des Saints-Pères, où accostent non seulement les péniches venues par les canaux des divers points de la France, mais encore des bateaux de mer partis de Londres.

Photo Guy.

7. — LES HALLES CENTRALES

L'un des organes essentiels de l'alimentation parisienne est constitué par les Halles centrales, qui occupent une superficie totale (couverte ou découverte) de 50 000 mètres carrés ; c'est là que se vendent les viandes, la volaille, le gibier, les fruits, les légumes, le poisson, les beurres, œufs et fromages venus de toutes les régions de la France et de l'étranger.

8.—GARDIEN DE LA PAIX

9. — L'ACTIVITÉ SUR LES BOULEVARDS

La ligne demi circulaire des grands boulevards s'étend de la Bastille à la Madeleine sur une longueur de 4400 mètres. Elle est plantée d'arbres entre lesquels se dressent les kiosques (journaux, fleurs), les colonnes d'affiches de théâtres, les urinoirs, etc. Sur la chaussée se trouvent de place en place des refuges qui facilitent aux piétons le passage d'un trottoir à l'autre. A certaines heures de l'après-midi, le mouvement des voitures est en effet extraordinairement intense sur les boulevards.

10. — L'AVENUE DES CHAMPS-ÉLYSÉES

L'avenue des Champs-Élysées va de la place de la Concorde à l'arc de triomphe de l'Étoile. Cette magnifique avenue est la promenade mondaine par excellence. « De 4 à 5 heures en hiver, et de 5 à 7 heures en été, quand le temps est beau, l'avenue des Champs-Élysées est presque entièrement couverte d'équipages de luxe, tandis que les contre-allées sont envahies par une foule de promeneurs. »

11. — AUTOBUS DE LA POSTE À PARIS

12. — LA PLACE DE LA CONCORDE

La place de la Concorde passe pour la plus belle place du monde. Au centre se dresse l'obélisque de Louqsor, flanqué de deux fontaines. Huit statues de villes françaises (Marseille, Lyon, Strasbourg, Lille, Rouen, Brest, Nantes et Bordeaux) s'élèvent par groupes de deux aux quatre angles. Deux majestueux bâtiments, dans l'un desquels est installé le Ministère de la Marine, bordent la place au nord. À l'arrière-plan, au fond de la rue Royale, on aperçoit l'église de la Madeleine, semblable à un temple grec.

Photo Neurdein.

13. — LE PALAIS DE VERSAILLES : FAÇADE SUR LA VILLE

Bien qu'éloigné de 20 kilomètres, Versailles fait encore partie de l'agglomération parisienne. Cette ville fut pendant plus d'un siècle la capitale politique de la France. Elle est restée la ville du Grand Roi. Ses larges avenues toutes droites, aujourd'hui désertes, conduisent toutes vers l'immense et froid palais que Louis XIV fit construire et qui resta jusqu'aux journées des 5 et 6 octobre 1789, en même temps que la résidence du roi, le centre du gouvernement monarchique. De 1871 à 1879, Versailles est redevenu le siège des pouvoirs publics. C'est là que se réunissaient les Chambres et que résidait le chef du pouvoir exécutif. C'est encore à Versailles, dans une des salles du Palais, que la Chambre des Députés et le Sénat se réunissent en Congrès pour procéder à l'élection du Président de la République ou à la revision de la Constitution.

Photo Neurdein.

14. — SAINT-CLOUD

Paris est dominé de toutes parts, mais surtout à l'ouest par de gracieux coteaux dont la Seine longe le pied. C'est sur les pentes des hauteurs de l'ouest, au-dessus de la Seine traversée par un beau pont, que s'élève la petite ville de Saint-Cloud, l'une des villégiatures et l'un des buts de promenade préférés des Parisiens. Saint-Cloud possédait autrefois un beau château, qui fut la résidence de plusieurs souverains, de Napoléon III en particulier. Le château de Saint-Cloud a été incendié en 1871, pendant la guerre ; il n'en reste qu'un pavillon où a été installée l'École normale supérieure d'enseignement primaire (hommes), qui prépare le personnel enseignant des écoles primaires supérieures et des écoles normales d'instituteurs.

LES CONFINS DE LA BRETAGNE

Aux abords immédiats de la Bretagne s'étendent, du Cotentin à la Vendée, toute une série de pays portant en maints endroits le nom caractéristique de « Bocage », qui désigne des régions où les bouquets d'arbres alternent avec les pâtures et les herbages.

C'est, au nord, la presqu'île du Cotentin dont les côtes, souvent rocheuses, ont permis l'établissement de ports nombreux.

1. — LE « GUA » DE NOIRMOUTIER,
couvert à marée haute, découvert à marée basse.

Puis viennent le Bocage normand, le Haut-Maine, accidentés de collines de faible altitude, mais très joliment mouvementées.

Au sud de la Basse-Loire, se dresse le massif de la Gâtine et du Bocage vendéens, qui se termine sur la mer par une côte bordée de belles plages. Les anciens golfes, comblés par les alluvions des rivières, se sont transformés en « marais » fertiles : le Marais breton et le Marais poitevin.

2. — LE PORT DE SAINT-VAAST (MANCHE)

Sur les côtes rocheuses du Cotentin se trouvent, outre le port militaire de Cherbourg et le grand port de pêche de Granville, bon nombre de petits havres qui font le cabotage et surtout d'où partent de nombreux bateaux de pêche (maquereau, sole, plie, homard, crevette, etc.). Saint-Vaast, sur la côte Est du Cotentin, à proximité de la pointe de la Hougue, peut donner une idée de ces petits ports fréquentés par des bateaux de commerce de tonnage très modeste ou par des barques de pêcheurs.

Photo Leclère.

3. — DANS LE BOCAGE NORMAND : VIRE.

Le Bocage normand n'a que des hauteurs modestes, toujours inférieures à 400 mètres; mais il est très accidenté et donne parfois l'impression de la montagne. N'a-t-on pas parlé d'une « Suisse normande »? De profondes vallées isolent les plateaux couronnés de petites forêts. Telle est la gorge à l'issue de laquelle s'est bâtie la charmante petite ville de Vire. Dans le Bocage normand, s'est développée une industrie très active à laquelle la houille fait malheureusement défaut: fabrication d'ustensiles de ménage, tissage des cotonnades, etc. Il n'est pas de petite ville qui ne se soit spécialisée dans telle ou telle branche de l'industrie.

Photo Léon Gautier.

4. — PAYSANS DU HAUT-MAINE

Photo G. Félix.

5. — DANS LE HAUT MAINE : SAINTE-SUZANNE (MAYENNE)

Le Haut-Maine rappelle le Bocage normand par la nature de son sol et le caractère accidenté de son relief. C'est presque un paysage de la Bretagne intérieure que celui de Sainte-Suzanne, dont le château, dominant une colline aux pentes raides, commande la vallée de l'Erve, un des affluents de la Sarthe. On est là au pied des Coëvrons qui ont reçu, malgré leur peu de hauteur (357 mètres au point culminant), le nom prétentieux d'Alpes mancelles.

Photo J. Robuchon.

6. — VUE PRISE DANS LE BOCAGE VENDÉEN

Photo J. Robuchon.

7. — MARAÎCHINS DE SOULANS

Le Bocage vendéen est très agréablement accidenté, comme le Bocage normand et le Haut-Maine. Il offre une succession de collines agrestes et de vastes plateaux. Les sources très nombreuses forment des ruisseaux sinueux dont les vallées sont charmantes. Le pays est coupé de haies de grands arbres (chênes, frènes, érables, ormes, chataigniers) et parsemé de bosquets qui justifient amplement son nom de « Bocage ». En certains endroits on pourrait se croire au milieu des bois, et cet aspect du pays suffit à expliquer la guerre d'embuscades que se firent les Bleus et les Blancs au temps de la Révolution. Peu fertile par nature, le sol du Bocage vendéen a été amélioré par des amendements et des engrais, et, grâce au travail assidu des paysans, des champs bien cultivés s'intercalent aujourd'hui entre les bosquets et les herbages sur lesquels paissent les troupeaux de bœufs. Autrefois, les seules céréales cultivées dans la région étaient celles des terres pauvres : le seigle et l'avoine. Peu à peu elles ont été remplacées par le blé.

Photo Berthaud.

8. — UNE ARDOISIÈRE À TRÉLAZÉ (MAINE-ET-LOIRE)

Les schistes de la Basse-Loire fournissent en grande quantité les ardoises. Les principales carrières sont celles de Trélazé. Celle que représente la gravure est à ciel ouvert. Au fond, les ouvriers attaquent les bancs de schiste ardoisier et en détachent de gros blocs qui seront remontés à l'aide de câbles et de poulies disposés sur des chevalements en bois. Des ouvriers fendent ensuite l'ardoise et en font les lames minces livrées au commerce.

Photo Amiaud

9. — LA PLAGE DES SABLES-D'OLONNE

Les Sables-d'Olonne possèdent une superbe plage de sable
fin s'étendant en un croissant de plus de 2 kilomètres de
longueur, au pied du Bocage vendéen et entre les Marais
breton et poitevin. Cette plage est maintenant fréquentée par
un grand nombre de baigneurs. Le port des Sables-d'Olonne,
bien qu'il ne puisse rivaliser avec nos grands ports de commerce et de pêche, est encore assez actif : il arme pour la
pêche à la sardine et il entretient des relations régulières
avec l'Angleterre ; mais ses ressources principales sont celles
que lui procure l'afflux des étrangers. La population, qui a
conservé jalousement son costume local, se distingue par l'é-
légance et la pureté de la race ; on la croit d'origine méridionale : elle serait venue autrefois d'Espagne.

Photo Amiaud.

10.   UNE SABLAISE

Photo J. Robuchon.

11. — DANS LE MARAIS BRETON : SAINT-HILAIRE-DE-RIEZ (VENDÉE)

La baie de Bourgneuf a été peu à peu partiellement comblée par les alluvions et par les
vases. Le golfe est devenu un marais qui a été asséché et transformé en une petite Hollande
où l'on cultive, sans autre engrais que la boue des fossés, le blé, l'orge, les fèves, les pommes
de terre. Grâce au progrès de l'aisance, les maisons des maraichins, construites en torchis et
couvertes en roseaux, font rapidement place à des habitations plus confortables.

LA BRETAGNE

La Bretagne n'a que des altitudes très médiocres; mais certains coins de la Bretagne intérieure présentent un aspect pittoresque, qui contraste avec

la monotonie de la lande ou avec celle des plateaux où s'étendent les champs de sarrasin.

L'imperméabilité du sol et l'humidité du climat font que la Bretagne est sillonnée par une multitude de ruisseaux ou de petites rivières que la marée remonte jusqu'à une distance assez grande à l'intérieur des terres.

Nulle région de la France n'a des côtes aussi découpées que la Bretagne. La mer furieuse bat le littoral, creusant des baies profondes que séparent des caps effilés, formant en avant de la côte de nombreuses îles, construisant parfois avec les débris arrachés au littoral quelques plages basses. Si cette mer est souvent pleine de périls, elle n'en est pas moins une source de richesse pour l'habitant de l'Armor; elle l'invite à la pêche, au commerce; elle fournit des abris aux

1. — FEMME DE MORLAIX

flottes de guerre; elle donne les engrais qui serviront à fertiliser le sol agricole et à créer sur le pourtour de la Bretagne une « Ceinture dorée ».

C'est d'ailleurs sur la côte que s'est concentrée la vie bretonne. A l'intérieur on ne trouve guère que les noires maisons des paysans, parfois groupées en villages, le plus souvent isolées, ou bien de petites villes endormies dans la solitude de leurs rues étroites.

2. — LES MONTS D'ARRÉE, VUS DE LA MONTAGNE NOIRE

Le point culminant des Monts d'Arrée est le Mamelon Saint Michel (391 m.) qu'on aperçoit à l'arrière-plan. Ce paysage âpre et désolé, ce relief confus et monotone se retrouvent fréquemment dans la Bretagne intérieure.

3. — LES ROCHERS DE TRÉGASTEL (CÔTES-DU-NORD)

Le granit, qui constitue une notable portion du sol de la Bretagne, forme parfois des amoncellements de blocs énormes, posés les uns sur les autres en équilibre instable. Ces « chaos » sont assez fréquents en Bretagne. L'un des plus beaux est celui de Trégastel, appelé encore « chaos » de Ploumanac'h. — La lande de Lanvaux traverse dans presque toute sa longueur le département du Morbihan. Sur cette étendue rocheuse « se dresse de temps

4. — UN ATTELAGE DANS LA MONTAGNE NOIRE

5. — LA LANDE DE LANVAUX

à autre un arbre rude, ou bien un moulin dont on entend le grincement d'ailes dans le silence de la solitude. Les ajoncs poussent parmi les débris de pierres. C'est un océan de verdure basse et sombre qui semble déferler jusqu'à l'horizon. C'est la sauvagerie d'une nature pauvre, livrée à elle-même. C'est le désert ». (Gustave Geffroy.)

6. — UN CHAMP DE SARRASIN EN FLEUR

Sur le sol pauvre de la Bretagne on ne peut guère
cultiver, si l'on n'a recours aux amendements et surtout
à la tangue ou aux goémons fournis par la mer, que
des plantes peu exigeantes : le seigle, par exemple, et
surtout le sarrasin ou blé noir, la céréale bretonne par
excellence. Mais, sur la côte, la douceur du climat permet de pratiquer en grand la culture des primeurs.

7. — PAYSANS DE LANDÉVENNEC

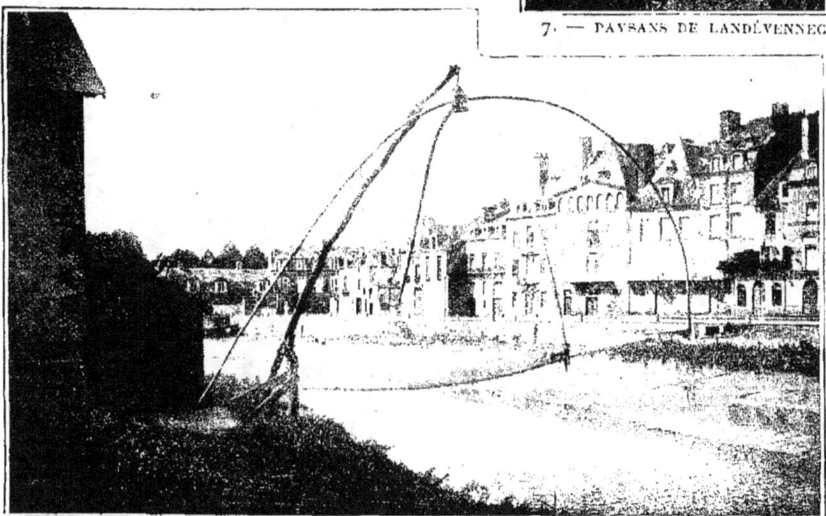

8. — LA VILAINE À REDON

L'aspect des petits fleuves bretons, dans leur cours inférieur, change suivant les heures de la
journée. A marée basse, leur lit semble trop large pour les eaux venues de l'amont. Mais lors
de la marée haute le flot de l'Océan gonfle la rivière.

Photo L. Rousselet.

9. — POINTE DE SAINT-GUÉNOLÉ (FINISTÈRE)

*La pointe de Saint-Guénolé se trouve à l'extrémité des roches
de Penmarc'h. D'énormes blocs s'avancent dans la mer qui déferle
autour d'eux avec fureur. Toute la côte occidentale de la Bretagne,
extrêmement découpée, est très dangereuse pour la navigation ; aussi
a-t-on édifié de nombreux phares, tels que celui de Sein, sur les
« chaussées » d'écueils qui prolongent vers l'ouest le continent, dont ils
sont séparés par une mer sauvage.*

10. — PETITE FILLE DE
ROCHEFORT-EN-TERRE

Photo P. Gruyer

11. — PHARE DE L'ÎLE DE SEIN.

*Les murs de pierres plates qui font ressembler l'île de Sein à « une sorte de damier aux
cases creuses et innombrables » ont été élevés par les « iliens » pour protéger leurs maigres
cultures contre le vent très violent qui souffle sur leur pays. Pas un arbre : dès qu'il
dépasserait de la tête le mur de protection, il serait rasé par l'ouragan.*

Photo Monmarché.

12. — LA PLAGE DE SAINT-
EFFLAM (CÔTES-DU-NORD)

*Si la mer détruit, elle édifie
aussi. Avec les ruines de la côte
rocheuse, elle tapisse parfois
de sable fin les plages qui s'é-
tendent au fond de certaines
baies. Telle est la belle plage
de Saint-Efflam, non loin de
l'embouchure du Guer, au pied
de falaises d'environ 100 mètres de hauteur. Les plages bretonnes sont d'ailleurs moins
nombreuses et moins fréquentées que les plages normandes.*

*La lande bretonne est par-
semée de monuments impro-
prement appelés druidiques :
menhirs souvent énormes, for-
més d'une pierre fichée en
terre, et parfois groupés en
alignements, dolmens semblables à des autels, mais qui fu-
rent sans doute des tombeaux.*

Photo Monmarché.

13. — DOLMEN À PLOUHARNEL (MORBIHAN)

14. — DÉPART D'UNE FLOTTILLE DE SARDINIERS DANS LA BAIE DE DOUARNENEZ

*Innombrables sont les ports de pêche sur la côte bretonne. On y arme pour la pêche à la
morue sur le banc de Terre-Neuve. On pêche aussi la sardine sur les côtes. Chaque soir,
pendant la saison de pêche, quelle animation dans les ports du Morbihan et du Finistère, à
Douarnenez surtout où les sardiniers forment la majeure partie de la population ! Les barques
cinglent vers la haute mer où les pêcheurs passeront la nuit afin d'être dès l'aube à la tâche.*

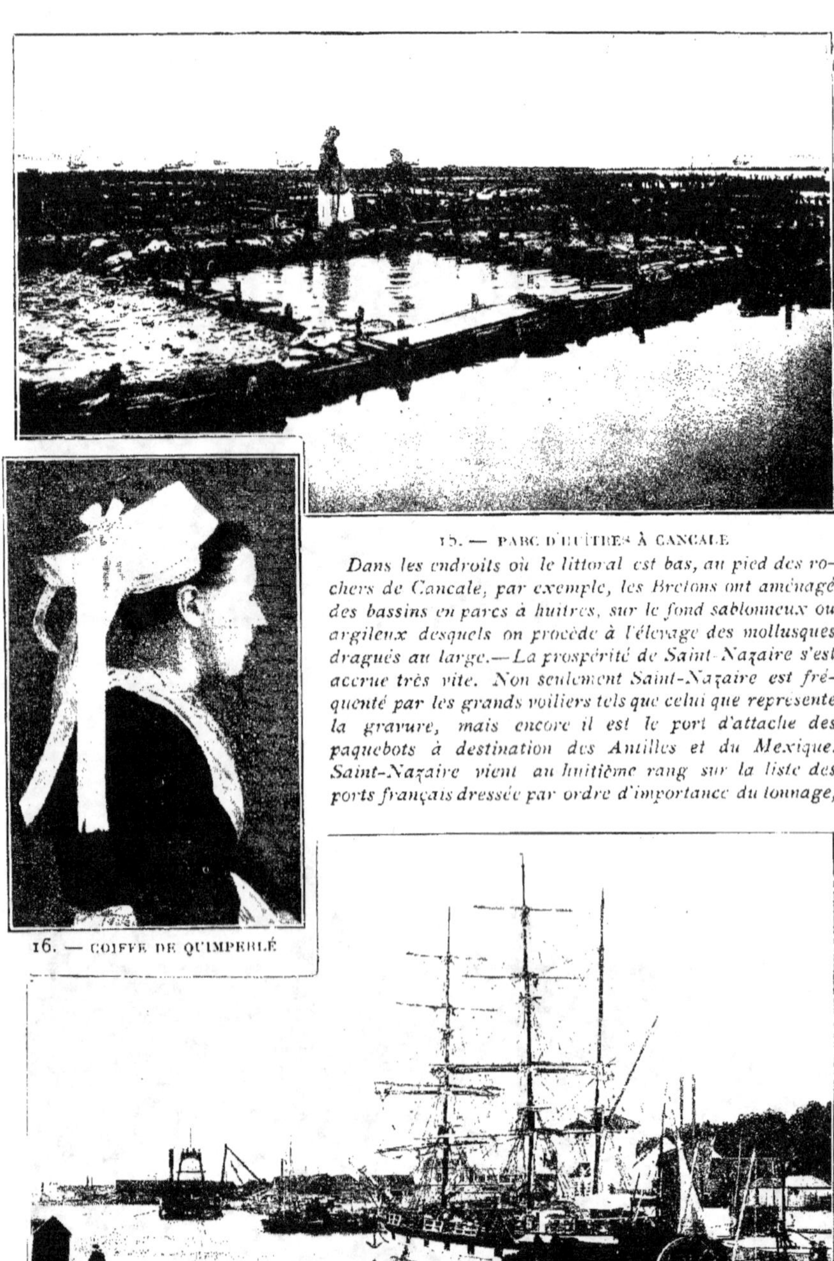

15. — PARC D'HUÎTRES À CANCALE

Dans les endroits où le littoral est bas, au pied des rochers de Cancale, par exemple, les Bretons ont aménagé
des bassins en parcs à huîtres, sur le fond sablonneux ou
argileux desquels on procède à l'élevage des mollusques
dragués au large. — La prospérité de Saint-Nazaire s'est
accrue très vite. Non seulement Saint-Nazaire est fréquenté par les grands voiliers tels que celui que représente
la gravure, mais encore il est le port d'attache des
paquebots à destination des Antilles et du Mexique.
Saint-Nazaire vient au huitième rang sur la liste des
ports français dressée par ordre d'importance du tonnage,

16. — COIFFE DE QUIMPERLÉ

17. — SAINT-NAZAIRE: LE BASSIN À FLOT

après Marseille, Le Havre, Dunkerque, Bordeaux, Boulogne, Cherbourg, Rouen.

18. — RÉCOLTE DU GOÉMON DANS LA BAIE DE DOUARNENEZ

*Le goémon est une algue qui revêt les roches à fleur d'eau.
Doué de la propriété de s'assimiler les sels de chaux et de
magnésie que renferme l'eau de mer, il est recueilli par des
pêcheurs et sert à amender les terres bretonnes. Parfois aussi
on le brûle en tas énormes pour obtenir la soude.*

Photo E. Mage.

19. — FEMME DE BREST

20. — LE GOULET ET LA RADE DE BREST

*La rade militaire de Brest est un admirable bassin mesurant 10 kilomètres du nord au
sud et 25 de l'est à l'ouest. Il est dominé par des rives élevées et il s'ouvre sur la mer par
le goulet resserré qu'on aperçoit à l'arrière-plan et qui n'a pas plus de 1500 mètres de large.
La rade, qui est protégée par de nombreux forts, est une des plus redoutables positions maritimes
qu'il y ait en Europe. Le port militaire se trouve dans l'estuaire d'une petite rivière, la
Penfeld, qui débouche dans la rade de Brest.*

Photo Lavisse.

21. — UNE RUE À QUIMPER

*Sauf Rennes, les villes bretonnes de l'intérieur sont d'impor-
tance médiocre : Quimper, par exemple, n'a pas 20 000 habitants. Ce ne sont que des marchés où les paysans viennent ven-
dre leurs produits agricoles et acheter ce qui leur est nécessaire. En dehors des jours de foire, où l'animation est grande
et où le touriste peut admirer la variété des pittoresques costumes locaux et surtout celle des coiffes féminines, de formes si
diverses, ces villes sont presque désertes.*

22. — PAYSAN DE PONTIVY

23. — LE VILLAGE DE LOCQUENVEL (CÔTES-DU-NORD)

*Les maisons bretonnes sont en schiste ou en granit dont les couleurs sombres contrastent
avec la blancheur du mortier ; elles sont couvertes en ardoises dans les régions les plus prospères, en chaume dans les régions pauvres. Le village est l'exception en Bretagne ; les maisons des paysans sont le plus souvent dispersées au hasard à travers la campagne.*

LE MASSIF CENTRAL

Le Massif Central, cette énorme forteresse qui se dresse au cœur de la France, couvre le sixième de la superficie totale de notre pays et présente une assez grande variété d'aspects.

1. — COSTUME DE FEMME DU LIMOUSIN

Dans l'ensemble, c'est un immense plateau relevé à l'est et s'abaissant assez doucement vers l'ouest. Tel il nous apparaît dans le Limousin et la Marche. Tel il est aussi, bien que plus accidenté, dans la Lozère et les régions voisines. De fertiles plaines, les Limagnes, s'intercalent parfois entre les rides montagneuses.

Au sud s'étendent des plateaux monotones, interrompus seulement par des blocs qui se dressent comme des ruines cyclopéennes à la surface des « Causses ».

Enfin le Massif Central a des volcans éteints dont les cratères surgissent en maints endroits.

Dans l'ensemble, le Massif Central est une région d'élevage et d'agriculture; dans ce pays de communications difficiles, l'industrie ne s'est développée que là où la présence de la houille fournissait le combustible nécessaire aux grandes usines modernes.

Phot. Philibert Lalande.

2. — DANS LE LIMOUSIN : UZERCHE (CORRÈZE)

Dans sa partie occidentale, le Massif Central n'a que des altitudes médiocres : dans le Limousin, on n'atteint nulle part 1000 mètres. Les plateaux forment de longues croupes ondulées. C'est sur les hauteurs qui dominent les vallées que se sont bâties les petites villes de la région. Telle est Uzerche, sur un promontoire de la rive gauche de la Vézère.

Photo Robuchon.

3. — LA VIENNE À AVAILLES-LIMOUSINE (VIENNE)

Le Limousin, qui reçoit des pluies abondantes, et dont le
sol est formé de roches imperméables, a de nombreuses rivières
qui se réunissent pour former quelques grands cours d'eau.
Le principal, la Vienne, coule dans une large et fraîche vallée en bouillonnant sur les roches de granit qui obstruent
encore parfois son lit. Entre les rivières du Limousin s'é-
tendent de beaux pâturages et des forêts de châtaigniers.
Plus on s'avance vers l'est, et plus le pays est pauvre et la
population arriérée : les pâtres du Haut-Limousin croient
encore aux sorciers, aux jeteurs de sort et aux guérisseurs.

4. — FEMMES DE LA HAUTE-VIENNE

Photo Jackson.

5. — EXTRÉMITÉ OCCIDENTALE DU MONT LOZÈRE

Il ne faut pas se représenter le Mont Lozère comme un pic, mais bien comme une série de
plateaux émoussés, « où nul mont ne s'épointe en pic, où quelques molles ondulations, quelques
entassements de rocs arrondis font seuls saillie sur la monotone uniformité de la haute plaine
d'herbes ». Cette région est un désert en pleine France : on n'y compte pas plus de 4 habitants
au kilomètre carré.

Photo G. Fabre.

9. — COL DE LA SERREYRÈDE, DANS L'AIGOUAL

Photo Géniaux.

7. — JEUNE FILLE DU ROUERGUE

*Les passages sont difficiles à travers l'épais bourrelet cé-
venol. La raideur des pentes est grande surtout du côté
méditerranéen. L'un des principaux cols est celui de la Serreyrède, qui s'ouvre à 1297 mètres entre des croupes le dominant de 100 à 200 mètres. Ce col est l'une des routes sui-
vies par les troupeaux du Languedoc qui vont paître de juin
à septembre dans le Gévaudan. La maison forestière construite au sommet du col offre cette particularité qu'un versant
du toit jette ses eaux à la Méditerranée et l'autre à l'Atlantique.*

Photo Carbonel de Sars.

8. — VALLERAUGUE (GARD) ET L'AIGOUAL

*En certains endroits, le Massif Central a des formes plus accidentées que dans le Limousin
ou qu'au Mont-Lozère. Il en est ainsi notamment dans la région de l'Aigoual, juste au pied
duquel s'est bâti, sur l'Hérault naissant, le bourg de Valleraugue.*

Photo Philibert Lalande.

9. — UN CAUSSE DU QUERCY

Les Causses sont de vastes étendues de terres calcaires, de surface généralement à peu près horizontale. La végétation de ces régions très sèches est extrêmement maigre : une herbe courte couvre le sol; à peine quelques arbres, rares et grêles. Pour se procurer de l'eau, les habitants sont obligés d'avoir recours à des citernes ou à des mares, les « lavognes », souvent à sec. Quand l'eau des lavognes est épuisée les habitants du Causse se voient obligés d'aller chercher au loin, avec des chars et des tonneaux, l'eau qui leur est nécessaire. Lorsque l'habitation est au bord du Causse, la femme descend, la cruche sur la tête, jusqu'à la source la plus proche.

Photo G. Gaupillat

10. — LE ROC SAINT-GERVAIS, DANS LA VALLÉE DE LA JONTE

Les parties les plus dures des calcaires qui forment les Causses sont restées en saillie et accidentent la surface du plateau de rochers bizarrement découpés, dont le roc Saint-Gervais peut servir de type. Par endroits, ces rochers sont groupés en grand nombre et, de loin, on pourrait les prendre pour les ruines d'une ville abandonnée par ses habitants. On a donné, par exemple, aux entassements de blocs du Causse Noir le nom de Montpellier-le-Vieux. La partie des Causses qui avoisine le cours supérieur du Tarn et dans laquelle se trouve Montpellier-le-Vieux est d'ailleurs l'une des régions les plus curieuses et les plus pittoresques de la France : grottes, cavernes, rochers, etc. y sont très beaux et attirent de plus en plus les touristes désireux de connaître les merveilles de notre beau pays.

11. — LES GORGES DU TARN À SAINTE-ÉNIMIE

Les rares mais puissantes rivières des Causses ont creusé de longues et profondes vallées, des gorges dont les plus célèbres sont celles du Tarn qui s'étendent sur 50 kilomètres entre le Causse de Sauveterre et le Causse Méjan. A Sainte-Énimie (Lozère), des murailles de 4 à 500 mètres dominent le fond de la vallée où coule le Tarn. C'est un des sites les plus pittoresques qu'on connaisse. Plus bas, à quelques kilomètres d'Albi, le Tarn forme des cascades d'une hauteur totale de 18 mètres : c'est le Saut du Sabo, que l'industrie utilise depuis plusieurs années.

Photo Monmarene.

12. — LE TARN AU SAUT DE SABO, PRÈS ALBI

13. — ENTRÉE DE L'AVEN ARMAND, SUR LE CAUSSE MÉJAN

Les eaux qui tombent sur le Causse s'engouffrent souvent dans des entonnoirs circulaires, les « avens », qui criblent la surface des plateaux. Ces avens ont été explorés ; c'est l'entrée de gouffres qui se prolongent sous le sol en galeries où se rassemblent les eaux, qui réapparaîtront à la surface après un parcours plus ou moins long. L'aven Armand, par exemple, donne accès dans un gouffre de 200 mètres de profondeur.

14. — LA RIVIÈRE SOUTERRAINE, À PADIRAC

Le Causse de Gramat possède un gouffre des plus remarquables, celui de Padirac, exploré
en 1889 par M. Martel. Une puissante rivière souterraine de plus de 3 kilomètres, alimentée
par les eaux qui s'infiltrent à la surface du Causse et par celles qui pénètrent dans les avens,
coule sur le sous-sol argileux et va ensuite grossir la Dordogne.

Photo Montador.

15. — LA CHAÎNE DES DÔMES

Le principal système volca-
nique du Massif Central est
celui des Dômes : 60 volcans
éteints s'alignent sur une lon-
gueur de 30 kilomètres envi-
ron. Le plus élevé, le Puy de
Dôme, atteint une altitude de
1463 mètres. De la vallée de
l'Allier, on les voit profiler sur
l'horizon leurs cônes sembla-
bles à d'énormes taupinières.
C'est à leur pied que s'étend
la fertile plaine de la Limagne
d'Auvergne.

16. — LE PUY DE DÔME

Photo Vieillard.

17. — LE GERBIER DE JONC ET LA LOIRE NAISSANTE

A l'horizon, on aperçoit le piton du Gerbier de Jonc, qui se dresse à 1551 mètres. C'est au pied du Gerbier de Jonc, sur un plateau froid et désolé où s'élèvent seulement quelques pauvres maisons à moitié ruinées, que la Loire prend sa source. A voir cet humble ruisseau qui coule au milieu des pierrailles, on ne pressentirait guère qu'il devient le plus long fleuve de France.

Photo Montader.

18. — PAYSANNES D'AUVERGNE

Photo Montader.

19. — LE PUY-EN-VELAY

La ville du Puy s'élève au centre d'un fertile bassin dominé par les hauteurs volcaniques du Velay. Des roches volcaniques forment des sortes de colonnes, dont les deux principales sont le Rocher Corneille autour duquel se groupent les principaux édifices de la ville, et le roc de Saint-Michel-d'Aiguilhe, semblable à une tour, qu'on aperçoit à gauche, portant une chapelle à son sommet. Le Puy est ainsi l'une des villes de France les plus curieuses et les plus dignes d'être visitées par les touristes.

Photo Boule.

20. — LA PLANÈZE

21. — CHAISE À PORTEURS AU
MONT-DORE

Les coulées de laves de cet « Etna découronné » qu'est
maintenant le Cantal ont formé à sa base de grands plateaux
dont le principal est la Planèze. C'est un immense espace de
300 kilomètres carrés, dépourvu de toute végétation forestière,
occupé par des prairies d'élevage et des champs de seigle.
La vie est rude sur ce plateau balayé par les vents et où
l'hiver dure huit mois. Cependant la Planèze n'est pas aussi
stérile qu'on pourrait le croire. Sur ses pâturages on élève
de beaux bœufs et la culture du blé commence à se substituer à celle du seigle. Le malheur est que les gelées printa-
nières viennent souvent compromettre la récolte.

22. — SAINT-FLOUR : LE FAUBOURG DU PONT

La petite ville de Saint-Flour, l'une des plus pittoresques de France, s'est bâtie sur le
rebord du plateau de la Planèze, qui domine la vallée d'un affluent de la Truyère. Peu à
peu, la ville, que les nécessités de la défense avaient obligée de se percher sur les hauteurs,
comme un nid d'aigle, s'est rapprochée de la vallée. C'est le faubourg du Pont, situé sur les
deux rives du Lander, que représente la gravure.

Photo Boulanger.

23. — LE VIADUC DE VILLEFORT (LOZÈRE)

L'établissement des chemins de fer s'est heurté, dans la traversée du Massif Central, à de grandes difficultés. C'est ainsi que la ligne de Paris à Nîmes par Clermont est obligée de franchir les Cévennes près de Villefort au prix de nombreux travaux d'art : plusieurs tunnels et un viaduc de 200 mètres de long et de 72 mètres de haut, jeté sur la profonde vallée de l'Altier, affluent du Chassezac.

Photo J. Joly.

24. — CAVES À FROMAGE DE ROQUEFORT

L'une des ressources principales du Massif Central est l'élevage. Avec le lait des vaches ou des brebis, on fabrique le fromage dans les « burons », chalets de montagne qui abritent à la fois bêtes et gens. Les procédés de fabrication sont souvent très primitifs. C'est, par exemple, avec leurs genoux que les paysans pétrissent le fromage dans une auge d'où le petit-lait s'écoule par une rigole. A Roquefort (Aveyron), au contraire, la fabrication du fromage se fait en grand, par des procédés rationnels, dans d'immenses caves.

Photo P.Grugier.

25. — UN « BURON » D'AUVERGNE

26. — LE VIADUC DU VIAUR À TANUS (TARN)

*Les progrès de l'art de l'ingénieur ont permis de substituer aux viaducs en pierre des ponts métalliques qui enjambent les vallées les plus larges, les plus profondes et les plus abruptes. Tel est, sur la ligne de Carmaux à Rodez, le magnifique viaduc du Viaur, long de 250 mètres et haut de 114, jeté si hardiment sur le précipice au fond duquel coule le orrent. — Parmi les régions industrielles du Massif Central, la plus active est celle dont Saint-Étienne est le centre. Cette prospérité est due au riche bassin houiller qui s'étend dans la dépression où coulent le Furens et le Gier. Aussi s'explique-t-on que la population de Saint-Étienne ait passé de 9 000 habitants à 136 000, du commencement à la fin du XIX*e* siècle.*

27. — DENTELLIÈRES DE LA HAUTE-LOIRE

28. — SAINT-ÉTIENNE : LE PUITS JABIN

LE JURA

Parmi les régions montagneuses de la France, le Jura présente une physionomie toute particulière. Aux mornes plateaux qui dominent à l'est la plaine de la Saône et qui s'avancent parfois jusqu'aux confins de la Suisse succèdent une série de chaînons parallèles formant des *voûtes* que séparent des *vals* allongés. Le sommet des voûtes est souvent creusé de dépressions nommées *combes* que dominent à droite et à gauche les *crêts* aux flancs escarpés. Les cassures transversales des voûtes sont des *cluses*.

Les belles rivières du Jura ont des sources très abondantes et très pures; elles traversent les montagnes par des défilés très étroits, se perdent fréquemment dans le sol, s'élargissent en lacs, forment des chutes ou des cascades.

1. — FEMME DE MONTBÉLIARD.

Sur les pentes jurassiennes s'étendent des pâturages ou des forêts qu'exploitent les « montagnots ». Les villes de l'intérieur du Jura se sont bâties dans des cluses ou à proximité de cluses; elles se trouvent ainsi au carrefour d'un certain nombre de vallées. Elles sont par conséquent des marchés importants et aussi, grâce à l'utilisation de la force motrice des cours d'eau et des chutes, elles sont devenues souvent des centres industriels.

2. — PONTARLIER

C'est sur de froids plateaux que les anciens glaciers des Alpes ont autrefois recouverts, à une altitude de plus de 800 mètres, que s'élève Pontarlier. La ville, située à quelques kilomètres seulement de la Suisse, occupe une situation très importante au point de vue stratégique et commercial, car elle garde l'un des rares passages relativement faciles qui permettent de traverser le Jura.

3. — SAINT-CLAUDE

La gravure représente le carrefour de vals où s'est bâtie la pittoresque ville de Saint-Claude. A l'arrière-plan, on aperçoit une haute voûte, le long de laquelle s'étend un val suivi par la rivière que traverse un beau pont à arches. A droite, au premier plan, l'entrée d'un autre val parallèle au premier. Saint-Claude est un centre très important pour l'industrie de la tabletterie et la taille des pierres précieuses.

Photo Tenue.

4. — LE SAUT DU DOUBS.

Photo Parmelier.

5. — LES PLANCHES-EN-MONTAGNE (JURA)

Le Jura présente souvent des escarpements abrupts. Tels sont ceux des Planches-en-Montagne. Sur les pentes s'étendent des forêts et des pâturages où l'on pratique l'élevage des vaches laitières. A lui seul, le petit canton des Planches produit annuellement en moyenne 200 000 kilogrammes de fromage de Gruyère valant au minimum 200 000 francs.

6. — LE LAC ET LA CLUSE DE NANTUA

Le lac de Nantua occupe la majeure partie d'une cluse, c'est-à-dire d'une coupure pratiquée dans l'un des plis parallèles du Jura. Les parois verticales qui le dominent et les bois de pins de la montagne « donnent au paysage un aspect sévère, sombre et mélancolique ».

7. — SOURCE DE LA LOUE

Les roches calcaires du Jura sont loin d'être compactes ; elles présentent souvent des cassures, des fissures assez larges par où les eaux pénètrent à l'intérieur du sol. Elles y circulent souterrainement pour réapparaître sous forme de sources abondantes. Les rivières naissent ainsi toutes formées. Telle est la Loue, qui prend sa source à 13 kilomètres de Pontarlier et dont les eaux, en communication souterraine avec celles du Doubs, font mouvoir des usines dès leur naissance. Souvent les rivières du Jura forment des cascades qui sont déterminées par les différences de niveau du terrain. L'une des plus célèbres est le magnifique saut du Doubs (voir fig. 4) sur la frontière franco-suisse, non loin de Morteau. La rivière se précipite, en un jet de 27 mètres, dans un gouffre dont la sonde n'a pu trouver le fond.

Photo Jackson

Photo Xavier de Vercly.

8. — UN PLATEAU FORESTIER DANS LE JURA

Sur les plateaux et sur les flancs des montagnes du Jura, les forêts se mêlent aux pâturages, « et composent ainsi ces prés-bois où le feuillage filtrant les pluies, tamisant les rayons, prête son ombre aux vaches qui errent sur ces hauts lieux ». Le lait de ces vaches est utilisé pour la fabrication de fromages dits de Gruyère. Les propriétaires de troupeaux se sont associés depuis longtemps : ils ont formé des coopératives appelées « fruitières ». Tout le lait fourni par les associés d'une même fruitière sert à la fabrication du fromage. Le produit de la vente des fromages est ensuite réparti entre les propriétaires au prorata de la quantité de lait qu'ils ont donné. L'industrie du lait condensé se répand de plus en plus dans le Jura français et fait concurrence à l'industrie similaire suisse.

Photo Bernard.

9. — COIFFE DU BUGEY.

Photo A. Juliet.

10. — LE RHÔNE AU DÉFILÉ DE PIERRE-CHÂTEL

Le Jura n'est pas limité au sud par le cours du Rhône. Le grand fleuve traverse le Jura par une sorte de cluse étroite, le défilé de Pierre-Châtel, que dominent à droite et à gauche des rochers aux flancs presque verticaux.

LA RÉGION ALPESTRE

Les Alpes couvrent 40000 kilomètres carrés du sol français. C'est en France que se trouve leur point culminant, le Mont Blanc, et quelques autres massifs dressent à des altitudes supérieures à 3000 et même à 4000 mètres leurs cimes déchiquetées, leurs « aiguilles », d'où descendent les glaciers. Sur les flancs, vers l'ouest, se trouvent des chaines, de hauteur moindre que les massifs centraux, s'étalant parfois en plateaux coupés de gorges profondes. Entre les massifs alpestres, de nombreux cols d'altitude modeste facilitent le passage d'un versant à l'autre. De larges vallées, très ramifiées, pénètrent jusqu'au cœur de la montagne: de climat assez doux, bien cultivées.

1. — OBSERVATOIRE JANSSEN AU SOMMET DU MONT BLANC

possédant des pâturages et des forêts dont on a trop réduit l'étendue, elles sont occupées par de nombreux villages. Les villes se sont établies au débouché ou aux carrefours de ces vallées.

Des sommets des Alpes ou du front des glaciers descendent de nombreux torrents souvent dévastateurs qui se réunissent pour former des rivières au cours rapide. La force de ces torrents, jusqu'ici inutilisée, sert maintenant à fournir la force motrice, la « houille blanche » aux usines installées à proximité de la montagne.

Photo E. Pinget.

2. — LE MASSIF DU PELVOUX

Le massif du Pelvoux, dont la superficie est d'environ 1800 kilomètres carrés, forme la plus grande partie de la région montagneuse du Dauphiné. Le Mont Blanc mis à part, c'est le massif montagneux le plus important, le plus étendu de France, celui qui renferme les plus hauts pics et les plus vastes glaciers. La Barre des Écrins dresse ses aiguilles à 4103 mètres et le Pelvoux proprement dit à 3954 mètres; plus de 180 pics dépassent 3000 mètres. Autour de la Barre des Écrins se groupent 42 glaciers qui alimentent les torrents et les rivières des vallées. On aperçoit sur la gravure le commencement d'un de ces glaciers.

Photo Bosson

3. — LE PIC DE TANNEVERGE (HAUTE-SAVOIE)

Les chaînes extérieures n'ont plus la majesté des grandes Alpes : ici, plus de neiges éternelles, plus de glaciers. Le pic de Tanneverge, situé à la limite du Faucigny et du Valais, élève sa superbe pyramide à une altitude de 2 988 mètres, c'est-à-dire à 1 100 mètres de moins que la Barre des Écrins, dans le Pelvoux.

Photo Corcelle.

4. — CHALET EN SAVOIE

Photo Henri Prudent

5. — DANS LES ALPES MARITIMES : ENTRÉE DE LA CLUS DE SAINT-AUBAN

Les Alpes du sud diffèrent profondément de celles du nord. Plus de pentes gazonnées : la sécheresse du climat ne le permettrait pas. En revanche, des chaînes dénudées, blanchâtres, ravinées par les torrents que grossissent subitement les pluies d'orage. Telles sont celles qui dominent Saint-Auban et que franchit par des gorges ou « clus » le torrent de l'Estéron.

Photo H. Ferrand.

6. — EN VERCORS : LA ROUTE DES GRANDS-GOULETS

Le Vercors est un plateau bordé de tous côtés par des escarpements qui en font une véritable citadelle. Les eaux y ont creusé de profondes vallées, parfois si étroites que les routes ont dû être entaillées dans le flanc même du roc. Telle est la route des Grands-Goulets, qui mène de Pont-en-Royans (Isère) à la Chapelle-en-Vercors (Drôme).

Photo Monnier

7. — CHASSEURS ALPINS

Phot. H. Ferrand.

8. — PASSAGE DU MONT-CENIS

Le col du Mont-Cenis, qui conduit de la vallée de l'Arc, ou Maurienne, dans celle de la Dora Riparia, forme un plateau d'environ 2 000 mètres d'altitude, long de 7 kilomètres, enserré entre de hautes montagnes dépassant 3 000 mètres, et auquel on accède par des pentes d'allure ordinaire. Le col est traversé par une route construite sous le premier Empire.

Photo Bosson.

9. — LA VALLÉE DU REPOSOIR (HAUTE-SAVOIE)

Par la vallée du Reposoir, qui débouche dans l'Arve en aval de Cluses, on peut juger de ce qu'est une vallée alpestre : entre des montagnes aux cimes neigeuses, un assez vaste espace couvert de pâturages au milieu desquels s'élèvent les chalets ; dans la vallée, une rivière plus ou moins torrentueuse ; sur les premières pentes des montagnes, de grandes forêts aux essences diverses. Pendant l'hiver, les habitants des vallées alpestres sont souvent bloqués par les neiges et privés de tout contact avec l'extérieur. Chaque vallée forme ainsi un petit monde à part.

Photo Bosson.

10. — UN PÂTURAGE EN SAVOIE.

Vers 1600 ou 1700 mètres commence, dans les Alpes, la zone des pâturages d'été, où les herbages sur lesquels pousse une herbe courte mais savoureuse se mêlent aux forêts ou aux bosquets. Leur surface est évaluée à environ 800 000 hectares. Dans la Savoie, ils sont consacrés à l'élevage des vaches laitières, qu'on fait monter aux chalets (voir fig. 4) dès les premiers jours de juin, pour en redescendre en septembre. Dans les Alpes dauphinoises ou provençales, plus sèches, l'élevage des moutons remplace celui des vaches

11. — LA FORÊT COMMUNALE DE BELLENTRE (TARENTAISE)

Entre 1200 et 1900 mètres s'étend la zone des forêts, dont les plus belles sont les forêts de mélèzes, de pins et de sapins. L'étendue de ces forêts a été malheureusement diminuée à l'excès en vue d'augmenter la surface consacrée aux pâturages et aux cultures, et le résultat du déboisement inconsidéré a été la dégradation des pentes par l'eau des pluies et celle des neiges, ainsi que la transformation des rivières en torrents. On travaille activement au reboisement des Alpes, mais il reste encore beaucoup à faire pour remédier à la dévastation des forêts qui, comme celle de Bellentre, ne sont pas soumises au contrôle régulier de l'Administration des Eaux et Forêts. Il importe surtout de faire comprendre aux montagnards que le déboisement est contraire à leur intérêt.

12. — PAYSANNE DE LA TARENTAISE

13. — LA CHAPELLE-EN-VAL-GODEMAR (HAUTES-ALPES)

Les habitants du Val Godemar, sur les flancs du Pelvoux, sont très peu nombreux. Ils vivent en hiver de la chasse au chamois et en été de la culture du seigle et des pommes de terre sur le versant ensoleillé (adroit), de l'exploitation des bois situés sur le versant de l'ombre (ubac), et surtout de l'élevage des moutons transhumants sur les maigres prairies des pentes montagneuses.

14. — VALLOUISE (HAUTES-ALPES)

Vallouise, à une altitude de 1 200 m., compte près d'un millier d'habitants, mais se dépeuple en été, au moment où il est possible de conduire sur les hauts alpages les troupeaux dont on revendra une partie à l'automne, dans les grandes foires de la région.

Photo E. Charpenay.

15. — PAYSANNE DE LA MAURIENNE

Saint-Véran (Hautes-Alpes), dans une vallée du Queyras, non loin de Briançon, à 2 010 mètres d'altitude, est la plus haute commune de France. C'est un village de 600 habitants, bien pauvre, car les ressources des habitants sont médiocres : l'hiver, qui dure sept mois au minimum, interrompt tout travail. Pendant cette saison, les hommes les plus vigoureux émigrent : ils se font gardiens de troupeaux en Camargue ou marchands ambulants. Les vieillards, les femmes et les enfants restent calfeutrés dans leurs demeures, avec le bétail. L'étable est en effet le lieu de réunion de la famille parce qu'il y fait chaud et qu'on cherche à économiser le bois, très rare.

Photo Burle.

16. — INTÉRIEUR DU VILLAGE DE SAINT-VÉRAN

Photo Eysséric.

17. — SISTERON (BASSES-ALPES)

Sisteron groupe ses 4000 habitants dans un défilé de la Durance, au point où elle reçoit le Buech, au pied d'un rocher que domine un ancien château fort. Elle est située ainsi dans une excellente position défensive.

Photo H. Ferrand.

19. — LE TORRENT DE SARENNE (ISÈRE)

Photo Pittié.

18. — COSTUMES DE LA HAUTE SAVOIE (VALLÉE DE SIXT)

Les habitants des Alpes : Savoyards et Dauphinois, menant une vie de labeur dans l'air pur des montagnes, sont de robustes paysans. Seuls, ceux des régions très élevées et humides sont affligés d'infirmités comme le goitre ou le crétinisme. Chez ces populations qui vivent isolées dans leurs hautes vallées, les habitudes et les costumes d'autrefois, souvent très seyants, se sont maintenus jusqu'à notre époque. Si le costume local est de plus en plus rarement porté par les hommes, les femmes ne l'ont point abandonné.

Les torrents des Alpes, qui dévalent le long des pentes très abruptes, ont une puissance considérable. Ils charrient d'énormes blocs qu'ils ont arrachés aux parois rocheuses et qui encombrent ensuite le lit du cours d'eau lorsque sa pente s'est adoucie. La plupart d'entre eux sont temporaires : ils roulent des eaux abondantes au moment de la fonte des neiges ou à la suite d'une grande pluie ; quelques heures après l'orage, ils sont à sec et leur lit peut servir de sentier. Cette inconstance même rend plus redoutables encore les torrents alpestres. Le torrent de Sarenne, descendu du massif des Grandes-Rousses, vient se jeter dans la Romanche.

Photo Neurdein.

20. — TAILLOIRES ET LE LAC D'ANNECY

Les lacs alpestres français ne sauraient être comparés aux lacs de la Suisse et de l'Italie. Ils sont beaucoup plus petits. Le lac d'Annecy, dont la superficie est de 3 000 hectares, est le reste d'un ancien lac qui était bien plus étendu : la partie supérieure a été comblée par les apports des rivières. Il se déverse dans le Rhône par le Fier. Encadré de montagnes, il forme l'une des régions les plus belles et les plus pittoresques de la France savoisienne.

Photo Brunnarius.

21. — UNE HALTE DANS LA MONTAGNE

22. — LA CONDUITE AMENANT LES EAUX DE LA CHUTE DU DRAC À L'USINE DE CHAMP (ISÈRE)

Les torrents des Alpes sont un réservoir inépuisable de force motrice. Grâce aux découvertes scientifiques qui ont rendu possible le transport de l'énergie par l'électricité, on a pu, après avoir capté les eaux des torrents et des chutes, dans de gigantesques tuyaux, leur faire actionner des turbines et transmettre la force de ces turbines à des usines installées dans la région. La « houille blanche » permet ainsi de remédier à l'absence de la houille noire. Les usines hydrauliques se sont multipliées, au cours des dernières années, dans la Savoie et le Dauphiné.

LE COULOIR DE SAÔNE ET RHÔNE

Entre les Alpes et le Jura d'une part, le Massif Central et les derniers bourrelets du Bassin Parisien d'autre part, s'ouvre une longue et étroite dépression où coulent la Saône, puis le Rhône à partir de Lyon.

Au nord, le couloir de Saône et Rhône fait suite à la plaine du Rhin et il communique aisément avec les régions voisines, lorraine et parisienne.

La Saône s'y étale en une large nappe très navigable, longeant la fertile plaine bressane. A son confluent avec le Rhône s'est bâtie la grande ville de Lyon dont l'activité commerciale et industrielle s'est étendue à toute la région voisine.

1. — VIGNERON BOURGUIGNON

C'est alors que commence la vallée du Rhône, dominée à droite par les monts du Vivarais dont les anciens volcans ont poussé leurs coulées de lave jusque sur le bord même du fleuve. A gauche la vallée est plus largement épanouie sur les plateaux du Bas-Dauphiné; mais elle est parfois barrée par les derniers chaînons des Alpes, d'où sortent d'abondantes sources. Le Rhône forme ainsi toute une série de bassins séparés par des étranglements, jusqu'au moment où il entre définitivement en plaine.

C'est par le couloir de Saône et Rhône, magnifique route ouverte entre le Midi et le Nord, que la civilisation romaine a pénétré dans notre pays, ainsi qu'en témoignent encore les ruines de monuments gallo-romains éparses dans toute la région.

2. — VESOUL.

A l'entrée de la Porte de Bourgogne, sur un affluent de la Saône, au pied d'un monticule isolé, s'élève la petite ville de Vesoul. Ces plaines marneuses, fertiles, couvertes de pâturages et de cultures, sont souvent, comme celles de l'Auxois, dominées par des buttes aux pentes boisées dont la base est occupée par les villes, les bourgs et les villages.

Photo Victoire.

3. — LA SAÔNE À CHALON

*A Chalon, la Saône est déjà une rivière très large et
très abondante. Avec ses deux îles sur lesquelles s'appuie
le pont qui relie les deux rives, elle ressemble à un lac. La
navigation y est d'autant plus active que quatre canaux
débouchent dans la Saône non loin de Chalon : le canal du
Centre, le canal de Bourgogne, le canal de la Marne au
Rhin et le canal de la Marne à la Saône. Le plus important
est le canal du Centre, qui dessert la grande région industrielle du Creusot, de Montceau, de Blanzy, d'Épinac, etc.*

Cliché Duval.

4. — UNE BRESSANE

Phot. Jarrepas.

5. — UNE VILLE DE LA BRESSE : LOUHANS

*L'ancien lac bressan est aujourd'hui une plaine plantureuse, où les champs de céréales
alternent avec les prairies. Le centre de la Bresse est la petite ville de Louhans, aux maisons de brique et de pisé, qui fait un grand commerce des produits renommés de la région :
bestiaux, volailles grasses, blé et maïs.*

Lyon doit surtout sa prospérité à l'industrie de la soie : le commerce des soieries représente plus d'un milliard de francs par an. Aussi Lyon est-il l'une des plus importantes places de commerce de France; l'initiative de ses commerçants a su développer le champ de ses transactions, et, comme on l'a dit, « les perspectives de Lyon, aujourd'hui, s'étendent jusqu'à l'Extrême-Orient et à la Chine. » Autrefois, le tissage de la soie présentait à Lyon un caractère tout particulier. La soie, fournie par le fabricant, était tissée par des ouvriers, ou « canuts », qui travaillaient à façon sur des métiers leur appartenant. Le canut tissait chez lui, avec sa femme, ses enfants et un ou deux ouvriers. Cette organisation familiale du tissage de la soie tend à disparaître et à faire place à la grande industrie.

Photo Neurdein.

6. — LYON : LE PALAIS DU COMMERCE
ET DE LA BOURSE.

7. — INTÉRIEUR D'UN CANUT LYONNAIS

Photo A. Bodiale.

8. — LYON : QUARTIERS SAINT-JEAN ET PERRACHE

La ville qui fut jusqu'à ces dernières années la seconde de France par le chiffre de sa population, remonte à une haute antiquité. Elle s'est bâtie sur la colline de Fourvière et à l'abri du double fossé que tracent, en s'allongeant parallèlement avant de se confondre, le Rhône et la Saône. Peu à peu, la sécurité devenant plus grande, la ville a franchi ses fossés; des faubourgs : la Croix-Rousse, Vaise, la Guillotière se sont fondés, qui ont escaladé les pentes.

Photo Victoire.

9. — AUX ENVIRONS DE LYON

Lyon est le centre d'une importante région industrielle qui s'étend jusqu'à Roanne par Tarare, Amplepuis, Cours, Thizy; jusqu'à Saint-Étienne par Givors, Rive-de-Gier, Saint-Chamond; jusqu'à Grenoble par Bourgoin, Rives et Voiron. Les industries textiles, les industries mécaniques et métallurgiques en particulier sont très actives. Les longs bâtiments et les hautes cheminées des usines font penser aux grands centres industriels du Nord.

10. — LE PONT D'ARC, PERCÉ PAR L'ARDÈCHE

Photo Monmarché.

11. — VOGUÉ (ARDÈCHE)

Entre le Rhône et le rebord oriental du Massif Central s'intercalent une série de plateaux arides. Ce sont de vrais « déserts de pierre » presque sans végétation. Les rivières descendues du Massif Central, tantôt à sec, tantôt roulant d'énormes masses d'eau, les traversent en y formant d'étroites et profondes vallées comme l'Ardèche à Vogué.

Photo Peyrouse.

12. — ROCHEMAURE (ARDÈCHE)

Les anciens volcans du Massif Central ont poussé leurs coulées de lave jusqu'au Rhône. Le bourg de Rochemaure, par exemple, s'est bâti sur le flanc d'un rocher dont les sombres basaltes dominent la rive gauche du Rhône et terminent le massif des Coirons. Au sommet se trouvent les ruines d'un des nombreux châteaux forts qui gardaient les défilés du Rhône à l'époque où ce fleuve formait la limite entre l'Empire germanique et le Royaume de France. La vallée du Rhône était alors la seule route à peu près sûre entre le Nord et le Midi de la France. On évita longtemps de s'engager dans la montagne presque déserte ou bien infestée de brigands qui prenaient comme quartier général quelque auberge sinistre comme celle de Peyrebeille, l'un des repaires du célèbre Mandrin.

13. — AUBERGE DE PEYREBEILLE (ARDÈCHE)

Photo J. Charpenay.

14. — LE LAC DE PALADRU (ISÈRE)

La région du Bas-Dauphiné, comprise entre le Rhône et l'Isère, a été autrefois, comme la Dombes, recouverte par les glaciers alpestres, en particulier par le glacier du Rhône. C'est dans les Terres-Froides, pays de collines peu élevées, que se trouve le lac de Paladru; une vallée barrée par les blocs qu'ont charriés les anciens glaciers s'est transformée en un lac.

15. — LA FONTAINE DE VAUCLUSE

Photo Neurdein.

A la base des hauteurs qui accidentent la rive gauche du Rhône, à une distance plus ou moins grande, les eaux sourdent en fontaines abondantes. La plus célèbre des sources de ce genre est la fontaine de Vaucluse, qui forme la Sorgues. Elle apparaît dans un cirque, au pied de rochers surplombants de 200 mètres de haut. C'est la réapparition des eaux tombées sur un espace qu'on évalue à 100 000 hectares environ. Les eaux de la Sorgues de Vaucluse font mouvoir des usines et servent à l'irrigation de la plaine.

16. — BÉBÉ DE VAUCLUSE
avec la coiffe du pays.

17. — LE RHÔNE AU DÉFILÉ DE DONZÈRE (DRÔME)

Photo Peyrouse.

Un peu en aval de Montélimar et de Viviers, à la hauteur du village de Donzère, le Rhône est très resserré. La gorge de Donzère est longue de 4 kilomètres; des rochers isolés semblent garder le fleuve: « c'était jadis l'effroi des mariniers, mais le Rhône a été débarrassé de ses écueils ». A partir de Donzère, le Rhône entre définitivement en plaine, en même temps qu'il pénètre en pays nettement méridional: l'olivier commence à apparaître vers Donzère.

18. PIERRELATTE (DRÔME)

*La petite ville de Pierre-
latte s'est bâtie dans une des
plaines du Rhône, au pied
d'une butte rocheuse que cou-
ronnait autrefois un vieux
château fort.*

Photo Peyronce

Photo Michel

19. — VILLENEUVE-LÈS-AVIGNON (GARD)

*Le bourg de Villeneuve-lès-Avignon, sur un bras du Rhône, en face d'Avignon, est la loca-
lité la plus riche de France en souvenirs du moyen âge. Le donjon carré, appelé Tour de
Philippe-le-Bel (à gauche sur la gravure), s'y dresse fièrement. Plus loin, à droite, s'élèvent les
tours rondes du redoutable Fort Saint-André.*

Photo Neurdein

20. — LE RHÔNE À AVIGNON

*Devant Avignon, le Rhône est divisé en deux bras que sépare l'île Barthelasse. Il était
autrefois traversé par le légendaire « pont d'Avignon » dont on aperçoit les ruines au premier
plan, et dont les extrémités étaient gardées par deux portes fortifiées également en ruines. A
l'arrière-plan, on voit le pont suspendu qui réunit aujourd'hui les deux rives du fleuve. A
l'horizon, les hauteurs de Villeneuve-lès-Avignon.*

Photo Févrot.

21. — LE PALAIS DES PAPES, À AVIGNON

De 1305 à 1378, Avignon fut la résidence des papes, et par suite la capitale du monde chrétien. Elle resta d'ailleurs jusqu'en 1791 la possession des papes. Le palais qu'ils y firent édifier au XIVe siècle domine encore l'ancienne cité pontificale de sa masse imposante, aux allures de château et de forteresse tout à la fois. C'est à l'époque où les papes résidaient à Avignon que les cardinaux français s'installèrent à Villeneuve-lès-Avignon et y firent construire de nombreux couvents et palais.

Photo Neurdein.

22. — ARC DE TRIOMPHE D'ORANGE

Cliché Duchenne.

23. — LE THÉÂTRE D'ORANGE

Le couloir de Saône et Rhône a été la voie suivie par la civilisation méditerranéenne pour gagner la Gaule. Aussi la plupart des villes de cette région gardent-elles de nombreuses ruines de monuments romains : arcs de triomphe, arènes, temples, thermes, théâtres. Orange est fière à juste titre de son théâtre romain et de son arc de triomphe.

LE MIDI MÉDITERRANÉEN

I. — FEMME CATALANE

La France méditerranéenne, chaude et ensoleillée, est formée de régions d'aspect très différent.

Vers la frontière espagnole, les dernières pentes des Pyrénées orientales, enfermant des vallées étroites, accidentent le rivage, où se sont établis de petits ports.

Au nord, s'étend le Languedoc, avec ses plateaux calcaires creusés de gorges profondes et d'où sortent de véritables torrents; — ses plaines fertiles où prospère la vigne et où se sont groupées les grandes villes : Nîmes, Montpellier, Béziers; — sa côte basse, bordée d'étangs, où les ports sont sans cesse menacés par l'ensablement.

C'est ensuite le delta que le Rhône a construit avec ses boues et au voisinage duquel s'est installé notre plus grand port : Marseille.

A l'est du Rhône commence la Provence, dont les montagnes profilent leurs pentes raides et escarpées sur le ciel pur. La mer entaille profondément la Provence et découpe, sur son littoral bordé d'îles, de hardis promontoires ou d'admirables baies.

La Corse, très montagneuse, couverte d'une végétation broussailleuse, aux côtes très déchiquetées, se rapproche beaucoup par son aspect de la Provence, et surtout de la Provence des Maures et de l'Esterel.

Photo Lefrançais.

2. — UNE VALLÉE DES PYRÉNÉES ORIENTALES : PRADES

Entre les derniers contreforts des Pyrénées s'ouvrent des vallées étroites mais dont la fertilité a permis aux habitants de développer des cultures et de se grouper. Tel est le petit pays du Conflent, dans la vallée de la Têt, dont le centre est la ville de Prades.

3. — PORT-VENDRES

4. — FEMME DE SAINT-GUILHEM

Port-Vendres s'est installé sur une anse étroite mais très bien abritée, au pied des Monts Albères, qu'on aperçoit à l'arrière-plan de la gravure. Son importance s'est considérablement accrue depuis quelques années grâce au développement du mouvement des échanges entre la France et l'Algérie. Il est mis en relations avec Oran par des services réguliers. Il peut également servir de port de relâche à notre marine militaire. En outre, Port-Vendres est un port de pêche : ses embarcations capturent annuellement pour un million de francs environ de sardines et d'anchois. Les origines de Port-Vendres remontent à une très haute antiquité ; les Phéniciens s'y étaient installés dès le VIe ou le VIIe siècle avant J.-C., et les Romains leur succédèrent.

5. — LE CIRQUE DE SAINT-GUILHEM-LE-DÉSERT (HÉRAULT)

Le Haut-Languedoc est constitué par les dernières pentes du Massif Central, par les Garrigues, hauts plateaux calcaires dont les murailles blanches et dénudées brillent sous un soleil ardent. Les rivières ont profondément entaillé les plateaux, y ont découpé des gorges aux parois abruptes, creusé des grottes et formé des cirques comme celui de Saint-Guilhem.

6. — LES GORGES DE LA VIS

Photo Gourey.

Les rivières languedociennes, descendues de la montagne par de longs défilés qui ont souvent l'aspect de gorges, ont un régime très irrégulier. Ce sont de véritables torrents souvent à sec, mais aussi subitement grossis par les pluies d'orage. Le Vidourle, par exemple, a un débit qui varie de 200 litres à 1500 mètres cubes. L'Hérault, dont la Vis est un des affluents, a des crues presque aussi dangereuses. Ce sont les alluvions charriées par ces rivières qui ont, avec celles du Rhône, formé la côte basse du Languedoc, bordée de marais salants.

Photo E. Pécot.

7. — PYRAMIDES DE SEL DANS UN MARAIS SALANT

Photo Gourey.

8. — PIGNAN (HÉRAULT)

Le bourg de Pignan, à quelques kilomètres de Montpellier, se trouve dans cette plaine languedocienne dont on a pu dire qu'elle est une oasis entre deux déserts : le désert des Garrigues et le désert de la côte. La plaine est par excellence le pays de la vigne. Pignan produit en particulier les raisins de table.

Photo Feurot.

9. — NÎMES : L'ESPLANADE

10. — UNE ARLÉSIENNE

Dans la plaine languedocienne, à mi-chemin entre la montagne et la côte, se trouvent les villes les plus importantes de la région : Nîmes, Montpellier, Béziers. Nîmes, dont la population dépasse 80 000 habitants, est une ville très ancienne : les vieux monuments romains, comme les célèbres Arènes, voisinent sur le boulevard de l'Esplanade, où se dresse une belle fontaine, avec les édifices modernes comme le Palais de Justice. Les Arènes qu'on aperçoit à gauche, étaient un immense amphithéâtre qui pouvait contenir 24 000 spectateurs. Construit au IIe siècle, il servait aux courses de chars et on y donnait des combats de gladiateurs, de taureaux ou de bêtes féroces.

Photo Sabatier.

11. — EMBOUCHURE DU CANAL DU MIDI DANS L'ÉTANG DE THAU

L'étang de Thau fait partie de la série de lagunes littorales qui s'étendent du Roussillon au Bas-Rhône. Avec ses 7 000 hectares, il est le plus grand des étangs languedociens. Une simple flèche de sable d'un kilomètre de largeur, sur laquelle court le chemin de fer de Tarascon à Cette et à Narbonne, le sépare de la Méditerranée. C'est dans l'étang de Thau que débouche le Canal du Midi ; les eaux parfaitement navigables de l'étang portent ensuite les bateaux jusqu'à Cette.

12. — DANS LA PETITE CAMARGUE : LA PINÈDE DE SYLVÉREAL

Les apports du Rhône, qui roule une grande quantité de matières terreuses, ont formé à son embouchure un delta dont l'étendue s'accroît sans cesse. La Camargue, dont une partie seulement a été asséchée, est encore couverte d'étangs et de marécages, remplis d'une eau souvent salée. Le sol tout entier de la Camargue méridionale est d'ailleurs comme imprégné de sel. C'est ce qui le rend impropre à la culture et ce qui a permis d'y installer, dans ces derniers temps, des usines pour l'extraction de la soude et de divers produits chimiques. Les dunes de sable de la Petite Camargue ont pu être plantées de pins parasols dont les bouquets, dans la belle pinède de Sylvéreal, alternent avec des cuvettes humides où l'herbe seule peut pousser.

13. — UNE CABANE EN CAMARGUE

La ressource principale de la Camargue est l'élevage des troupeaux de chevaux blancs et de taureaux noirs à demi sauvages qui paissent l'herbe salée. Les pâtres, ou « guardians », habitent de pauvres cabanes de roseaux construites au milieu des îles du bas Rhône. En hiver et au printemps, les moutons qui ont passé l'été dans les pâturages de montagne des Alpes broutent l'herbe de la Camargue. Ce n'est que quand le dessèchement et l'assainissement ont eu lieu que l'agriculture proprement dite peut être pratiquée et que de véritables fermes, les « mas », sont édifiées. On les trouve surtout dans la partie septentrionale de la Camargue, qui est asséchée depuis plus longtemps.

14. — GARDIEN DE TAUREAUX EN CAMARGUE

Photo Neurdein.

15. — MARSEILLE : LE BASSIN DE STATIONNEMENT ET LA CATHÉDRALE

Le port de Marseille occupe en France le premier rang au point de vue du tonnage. Le principal de ses bassins, celui de la Joliette, est prolongé par un bassin de stationnement destiné aux vapeurs effectuant des services réguliers dans la Méditerranée. Sur le terre-plein qui domine le bassin de la Joliette on a construit, dans le style byzantin, la nouvelle cathédrale qui « semble offerte aux Orientaux qui débarquent à Marseille comme un souvenir de leur pays ».

Photo Degaye.

16. — LA SAINTE-BAUME

La Sainte-Baume est un plateau de 700 mètres d'altitude moyenne que domine une chaîne aux parois abruptes, dont les points culminants atteignent et même dépassent 1100 mètres. C'est sous cet aspect de murailles escarpées, blanchâtres, dénudées, que se présentent le plus souvent les hauteurs qui accidentent la Provence et qui forment le lien entre les Pyrénées, les Garrigues et les Alpes. — La population provençale, vivant sous un ciel qu'illumine et réchauffe un radieux soleil, est gaie, enthousiaste. La vie se passe au grand air : c'est dehors, par exemple, que se fait le foulage du blé.

Photo Mme Vauel.

17. — FOULAGE DU BLÉ EN PROVENCE

Photo Neurdein.

18. — LA TURBIE (ALPES-MARITIMES)

*La Turbie, qui ne se trouve qu'à 2 kilomètres 1 2
du littoral, est à une altitude de 500 mètres. On y
accède par une route en lacets, et, sur les flancs de
la montagne, s'étagent les cultures en terrasses qui
ressemblent aux degrés d'un immense escalier. Ces
terrasses, soutenues par des murs en pierres sèches qui empêchent la terre végétale d'être
entraînée vers l'aval, se retrouvent dans toutes les régions méditerranéennes.*

19. — MAGNARELLES EN PROVENCE

20. — LES GORGES DE PENNAFORT (VAR)

*Les montagnes de l'Esterel, qui forment de pittoresques escarpements et que recouvrent de
magnifiques bois de pins d'Alep et de chênes-liège, sont coupées de ravins, de gorges profondes, telles que celles de Pennafort, à travers lesquelles coule un affluent de l'Argens.*

Photo Jahandiez.

21. — DANS LES ÎLES D'HYÈRES : L'ÎLE DE PORT-CROS

En avant de la belle rade d'Hyères se trouvent les trois îles de Port-Cros, de Porquerolles et du Levant qui forment, avec quelques autres îlots, le groupe des îles d'Hyères. Ces îles rocheuses sont une dépendance, un fragment détaché des Montagnes des Maures. Comme le littoral méditerranéen dans sa partie orientale immédiatement bordée par les Alpes, elles ont des côtes abruptes et l'on ne peut arriver au sommet de la montagne, dépassant 200 mètres à Port-Cros, que par des chemins en lacets. L'île du Levant complètement montagneuse n'a d'autres

habitants que les guetteurs du sémaphore et les gardiens du phare. Port-Cros est presque entièrement couverte de bois de pins et n'a de cultures que dans les parties basses. La rade qu'elles ferment est la station ordinaire et le lieu d'exercices de notre escadre de la Méditerranée. — En arrière des îles d'Hyères, dans les montagnes des Maures, qui accidentent le département du Var, s'étendent de vastes forêts ou des châtaigneraies. Le châtaignier prospère admirablement sur ces terrains siliceux et bien arrosés (voir

Photo Jahandiez.

22. — DANS LES ÎLES D'HYÈRES : L'ÎLE DU LEVANT

fig. 23). On évalue à près de 300 hectares la superficie des châtaigneraies du Var.

Photo d'Aguel.

23. — LE CAP SICIÉ

Le cap Sicié termine la péninsule la plus méridionale de la Provence, celle au nord de laquelle se trouvent le port militaire de Toulon et les chantiers de constructions navales de La Seyne. Ce promontoire abrupt et sombre, dont la hauteur dépasse 350 mètres, est formé par les prolongements du massif des Maures. On se rend compte, en le voyant, de la différence qui existe entre les côtes rocheuses et élevées de la Provence et le littoral plat et bas du Languedoc, peu à peu constitué par les apports des cours d'eau.

Photo Yelradin.

24.—   SAINT-RAPHAEL (VAR)

L'ancien golfe de Fréjus a été progressivement comblé par les alluvions de l'Argens. Il forme maintenant une large baie que borde une belle plage dominée elle-même par les rochers de l'Esterel. L'ensemble est harmonieux et d'une grande pureté de lignes; on l'a défini : « la campagne de Rome au fond du golfe de Naples ». Saint-Raphaël est aujourd'hui une des stations les plus fréquentées de la Méditerranée.

Photo Rausson.

25. — LA CUEILLETTE DES CHÂTAIGNES DANS LE VAR

Photo G. Gilletta.

26. — THÉOULE (ALPES-MARITIMES)

Théoule, au fond du golfe de la Napoule, est également une station d'hiver au pied de l'Esterel. Sur le bord même du golfe, se dresse l'énorme rocher de l'Aiguille.

Photo Prudent.

27. — BAIE DE VILLEFRANCHE (ALPES-MARITIMES)

Avec la baie de Villefranche, nous sommes dans la « Riviera » niçoise, dominée par les Alpes dont la mer baigne immédiatement le pied. La rade, très vaste et très sûre, peut donner abri à toute une escadre. Son importance militaire est considérable. Villefranche est comme blottie au bord de la rade et ses maisons escaladent les pentes de la montagne.

28. — NICE

Bien qu'elle ait aujourd'hui nombre de rivales, Nice est restée la plus importante des stations de la « Côte d'Azur ». Son site est en effet aussi merveilleux que son climat est délicieux en hiver : la température moyenne pendant cette période est encore de 9°. Elle offre à la fois les beautés de la mer, du ciel et de la montagne. A côté de la vieille ville dont les rues étroites et tortueuses grimpent à l'assaut des pentes, s'est développée toute une ville nouvelle formée d'hôtels et de villas dont quelques-unes sont de véritables palais enfouis dans des bosquets d'arbres toujours verts.

29. — DANS LES MONTAGNES CORSES :
VICO

La Corse est couverte de montagnes semblables à celles des Maures et de l'Esterel, et dont la hauteur maximum dépasse 2 700 mètres. Ces montagnes aux formes dentelées, très enchevêtrées, ne laissent entre elles que d'étroites vallées où coulent des torrents et où se sont établis des villages et des bourgs tels que le bourg de Vico, sur un affluent du Liamone, caché dans d'épaisses forêts de chênes verts. Très pittoresque, la Corse mériterait d'être plus fréquentée qu'elle ne l'est par les touristes.

30. — LE DÉFILÉ DE LA SCALA DI SANTA REGINA (CORSE)

Les vallées des torrents corses, déjà étroites, se resserrent souvent pour former des défilés sauvages dont la Scala di Santa Regina, dans la partie la plus montagneuse de la Corse, sur le Golo, à la sortie du haut bassin appelé le Niolo, peut donner une idée. La vallée du Golo y est un gouffre profond encombré de blocs roulés par le torrent. Une route qu'il a fallu tailler dans le roc a remplacé l'ancien sentier, véritable échelle (scala) formée de marches de 30, 40 et même 50 centimètres. C'est dans le haut pays que les bergers corses gardent leurs troupeaux. Ils ont conservé des mœurs rudes et violentes et certaines coutumes comme celle de la « vendetta », qui arme souvent des familles entières les unes contre les autres.

31. — BERGÈRE CORSE À CHEVAL

Photo G. de Beauregard.

Une bonne partie de la Corse est recouverte par le maquis formé de broussailles, de lentisques, de bruyères ou d'arbres de petite taille. Les Corses y font paître les troupeaux de moutons et de chèvres qui constituent l'une de leurs principales ressources. Dans le maquis se réfugient les bandits qui ont commis quelque meurtre à la suite d'une vendetta et veulent se soustraire aux poursuites légales.

32. — MAQUIS
PRÈS DU CAP CORSE

Occupée presque en entier par des montagnes hautes et escarpées, la Corse souffre de la difficulté des communications à travers l'île. Elle a fort peu de chemins de fer, et les routes, sur lesquelles circulent des patacles ou des diligences, présentent des pentes très fortes. Dans bien des cas, les voyages ne peuvent s'effectuer qu'à dos de cheval ou de mulet.

Photo G. de Beauregard.

33. — COMMENT ON VOYAGE EN CORSE : LA PATACHE

Photo Cardinali.

34. — LE GOLFE DE PORTO (CORSE)

La côte occidentale de la Corse, extrêmement élevée et découpée, ressemble beaucoup à celle de la Provence. De magnifiques golfes s'y ouvrent, et le plus beau est le golfe de Porto. C'est « une des merveilles de la Corse par ses rivages dentelés, ses roches rouges couvertes de verdure et ses horizons sublimes. Le golfe est peut-être le plus beau de l'île par la splendeur des rivages, falaises et aiguilles de granit rouge, anses, baies et promontoires d'une indescriptible magnificence ».

LE MIDI PYRÉNÉEN

Les Pyrénées dressent au Midi de la France une haute muraille s'étendant du golfe de Gascogne à la Méditerranée. Bien qu'elles ne présentent pas d'altitudes comparables à celles des Alpes, leurs plus hauts massifs s'élevant à 3.400 mètres seulement, les Pyrénées sont d'un accès très malaisé : peu de larges vallées, mais en revanche des cirques ou des vallées resserrées; peu de cols bas et larges; mais au contraire, sauf aux extrémités, des brèches étroites où il ne peut guère y avoir que des chemins muletiers.

En avant des Pyrénées s'étendent, surtout à l'est, des monts souvent creusés de grottes ou de gorges profondes; au centre, les anciens glaciers ont formé des terrasses de débris, dont la principale est le plateau de Lannemezan. A l'ouest, le voisinage des Pyrénées fait succéder au littoral bas des Landes une côte rocheuse, la « côte de fer ».

Les villes des Pyrénées s'alignent le long de la chaîne avec une régularité remarquable et forment trois rangées parallèles : dans la montagne, les villes d'eaux ; au pied des monts, les petits marchés; en plaine, les villes importantes.

1. — UN CATALAN

2. — LE VIGNEMALE

Le point culminant des Pyrénées, le pic d'Aneto, se trouve en Espagne. La plus haute cime française est le Vignemale qui a 3.298 mètres. En raison de la raideur des pentes, les névés ne se trouvent que dans les anfractuosités du roc. Ils s'accumulent à quelques centaines de mètres au-dessous du sommet et donnent naissance à deux des rares glaciers pyrénéens.

3. — LE TURON DE NÉOUVIELLE

Un peu en avant de l'axe des Pyrénées se dresse le massif de Néouvielle dont l'altitude dépasse 3 000 mètres. Sur ses pentes se trouvent de petits glaciers. Au bord du lac que représente la gravure, on voit quelques habitations : elles sont destinées aux agents du service de l'hydraulique agricole qui procèdent à des travaux en vue de transformer les bassins lacustres du Néouvielle en réservoirs destinés à la régularisation de la Neste d'Aure.

4. — LE CIRQUE DE GAVARNIE

La présence des cirques est l'un des traits caractéristiques des Pyrénées. Ces dépressions sont les sources des anciens glaciers. Le cirque le plus célèbre, celui de Gavarnie, est dominé par des murailles abruptes de 1 200 à 1 700 mètres de hauteur, s'étageant en gradins que séparent des terrasses neigeuses. Des glaciers, des neiges et de la roche elle-même s'échappent des filets d'eau qui se précipitent en cascades jusqu'au fond du cirque. La plus belle de ces cascades tombe d'une hauteur de 422 mètres et forme la source du Gave de Pau.

La vallée d'Urdos est suivie par le Gave d'Aspe. Comme la plupart des vallées pyrénéennes, elle est très étroite, bordée de hautes montagnes. Il n'y a place, dans le fond de la vallée, que pour la route qui conduit en Espagne par le Somport et pour le torrent. Un fort domine la vallée et commande la route. La vallée d'Urdos se trouve presque à la limite du pays basque, habité par une population très originale. Elle a conservé son dialecte spécial qui ne ressemble à aucune langue actuellement parlée en Europe. Les Basques sont des montagnards souples et robustes, d'esprit aventureux. Un grand nombre s'expatrient, surtout pour aller « aux Amériques ».

Photo Mommarché.

5. — LA VALLÉE D'URDOS
(BASSES-PYRÉNÉES)

Les cols des Pyrénées centrales sont à la fois peu nombreux et d'accès très difficile : obstrués par les neiges, ils sont impraticables pendant six à sept mois de l'année. Le col ou port de Venasque, dans la région de la Maladetta, s'ouvre comme une véritable brèche à 2448 mètres d'altitude. Selon la légende populaire, cette sombre coupure aurait été pratiquée d'un seul coup par Durandal, la fameuse épée de Roland. La route carrossable s'arrête à 7 kilomètres du port : elle est continuée par un chemin si étroit que deux mulets ont peine à y passer de front. Cependant le port de Venasque est très fréquenté par les montagnards français et espagnols. Pour trouver dans les Pyrénées des passages faciles il faut aller aux deux extrémités de la chaîne : à l'ouest et surtout à l'est.

Photo Mommarche.

6. — LE PORT DE VENASQUE

Photo Esquilat.

7. — LA GROTTE DU MAS-D'AZIL (ARIÈGE)

En avant des Pyrénées orientales s'étendent des hauteurs sensiblement parallèles, le Plantaurel et les Petites-Pyrénées. L'Arize, affluent de la Garonne, traverse un de ces chaînons calcaires dans une grotte qu'elle a élargie petit à petit. L'ouverture a 80 mètres de haut et la rivière coule souterrainement sur une longueur de 410 mètres. A droite, on voit l'entrée du tunnel qu'il a fallu creuser pour livrer passage à la route. A l'intérieur, la grotte se ramifie et forme plusieurs galeries qui ont été explorées sur toute leur longueur. On y a découvert des ossements humains, à côté de ceux d'animaux disparus depuis longtemps du sol de la France, ce qui prouve que la région a été habitée à une époque très reculée et que l'homme cherchait dans ces cavernes un refuge contre ses adversaires de toute sorte. D'innombrables chauves-souris sont aujourd'hui les seuls hôtes de la grotte du Mas-d'Azil ; elles sont en telle quantité que leur guano fait, dans la région ariégeoise, l'objet d'un certain commerce.

Photo de Lassus.

8. — MONTREJEAU (HAUTE-GARONNE)

Les anciens glaciers des Pyrénées centrales ont charrié une masse énorme de débris qu'ils ont déposés au pied de la chaîne et qui forment maintenant le monotone et froid plateau de Lannemezan, où les vallées seules sont prospères et offrent de riants paysages. L'irrigation commence cependant à mettre un peu de fertilité et un peu de vie sur le plateau. C'est sur le rebord oriental que s'élève la petite ville de Montrejeau, baignée par la Garonne.

Photo Frois.

9. — SAINT-JEAN-DE-LUZ (BASSES-PYRÉNÉES)

Saint-Jean-de-Luz est un des rares abris de la côte basque, que ses redoutables tempêtes ont fait surnommer la « côte de fer ». Situé à l'embouchure de la Nivelle, au fond d'une anse demi-circulaire, Saint-Jean-de-Luz est plutôt une station balnéaire qu'un port. Autrefois, de nombreux marins basques partaient de Saint-Jean pour aller pêcher la baleine dans l'Atlantique.

10. — SAINT-SAUVEUR (HAUTES-PYRÉNÉES)

Les seules villes qui existent dans les hautes vallées pyrénéennes sont des stations thermales et minérales, très nombreuses d'ailleurs dans toutes les parties de la chaîne, mais surtout en son milieu. Saint-Sauveur s'est établi dans la haute

11. — LA NIVELLE

vallée du Gave de Pau, en amont de Luz, au pied de montagnes dont l'altitude atteint 3 000 mètres.

12. — SAINT-JEAN-PIED-DE-PORT (BASSES-PYRÉNÉES)

Au débouché des vallées, s'aligne toute une rangée de bourgs ou de petites villes où viennent s'approvisionner les montagnards. Tel est Saint-Jean-Pied-de-Port, au pied du port de Roncevaux, sur une des routes de France en Espagne et au sortir de la haute vallée de la Nive.

13. — PAU

14 — LE CHÂTEAU DE PAU

Les villes importantes des Pyrénées sont à la limite de la plaine et de la montagne, et c'est là que s'échangent les produits du haut pays (bétail, fromages, bois), contre ceux du bas pays (céréales, vins, tissus). C'est le cas de Pau, qui s'est bâti sur le versant et au sommet d'un plateau dominant la rive droite du Gave. Grâce à son climat doux et reposant, Pau est devenu une de nos stations d'hiver les plus fréquentées.

LE MIDI OCÉANIQUE

Au sud-ouest du Massif Central, le Bassin aquitain fait pendant au Bassin parisien, dont il n'a cependant ni l'importance, ni la variété, ni la disposition remarquablement régulière.

Le passage du Poitou, largement ouvert entre le Limousin et la Vendée, et la région des Charentes mettent les pays de la Garonne en communication avec ceux de la Loire et de la Seine.

I. — PÉRIGUEUX.

Les calcaires du Poitou et des Charentes se prolongent eux-mêmes par le Périgord et le Quercy.

Au sud de la Garonne s'étendent les collines de l'Armagnac et la monotone plaine des Landes.

Le lien entre ces divers pays est la fertile plaine de la Garonne. A ses deux extrémités se trouvent les deux capitales du Midi Océanique : Toulouse et Bordeaux.

2. — LA SOURCE DE LA TOUVRE

Dans la craie des pays charentais, les rivières perdent souvent une partie de leurs eaux qui circulent souterrainement pour réapparaître en sources puissantes. C'est ainsi que les eaux de la Tardoire et du Bandiat, affluent et sous-affluent de la Charente, contribuent à former la petite rivière de la Touvre, qui n'a guère que 10 kilomètres de long, mais dont le flot extrêmement abondant fait mouvoir dès sa naissance de nombreuses usines, notamment la grande fonderie de canons de Ruelle.

3. — SAINT-MARTIN-DE-RÉ

L'île de Ré est un fragment détaché de la côte d'Aunis. L'Océan ronge les falaises de son littoral occidental, tandis que l'île s'accroît sans cesse vers l'est grâce aux apports des rivières. Les ressources de Ré sont considérables : culture de la vigne, des céréales, des fruits, des légumes, pêche, élevage des huîtres, exploitation des marais salants, récolte du varech. Aussi l'île a-t-elle une population nombreuse, concentrée dans de gros bourgs comme Saint-Martin-de-Ré.

Phot. Dagonneau-Perrier.

4. — LA ROCHE-CHALAIS (DORDOGNE)

La majeure partie du Périgord est formée de coteaux et de plateaux calcaires, pierreux et arides, mais fréquemment coupés de vallées riantes et fertiles. A l'ouest en revanche, la région de la Double au sous-sol argileux recouvert de sables, est une sorte de Sologne ou de Brenne : les étangs et les marécages y sont nombreux. Peu de cultures, mais des forêts et des prairies mouillées donnant une herbe de mauvaise qualité. C'est à la limite de ce pays déshérité que s'élève le bourg de La Roche-Chalais, sur un coteau dominant la Dronne.

5. — DANS L'ARMAGNAC : L'ÉGLISE DE SIMORRE (GERS)

Pendant longtemps, l'Armagnac a été en proie aux guerres privées. Aussi les villes et les bourgs se sont-ils placés sur les coteaux qui dominent les vallées des rivières, et ils se sont entourés de solides murailles. Souvent les églises elles-mêmes sont fortifiées. Telle est l'église de Simorre. A l'Ouest de l'Armagnac, la plaine des Landes se termine par une côte rectiligne. Le seul accident qu'elle présente est le vaste Bassin d'Arcachon, dont la profondeur est si faible que les deux tiers de sa surface se trouvent à dé-

6. — PARQUEUSE D'HUÎTRES

couvert à marée basse. Sur les fonds alternativement couverts et découverts, dans des bassins appelés « parcs », des « parqueurs » et des « parqueuses », jambes nues et chaussés de patins de bois qui empêchent d'enfoncer et de glisser, pratiquent l'élevage des huîtres.

Photo Dr Hameau.

7. — MAISON DE RÉSINIER DANS LES LANDES.

Les Landes n'ont plus aujourd'hui l'aspect misérable qu'elles ont gardé si longtemps. De belles forêts de pins maritimes ont été plantées dans les sables qu'on a desséchés et assainis. Ces forêts fournissent une grande quantité de résine : quand les pins ont été abattus, on les utilise comme poteaux de mines, traverses de chemins de fer, poteaux télégraphiques, ou bien on emploie leur bois pour la fabrication de la pâte à papier.

Photo Terpereau.

8. — BORDEAUX : LES QUAIS ET LA BOURSE

C'est à Bordeaux que commence la navigation maritime sur la Garonne, large de 500 mètres et suffisamment profonde pour les navires de tonnage moyen. L'activité du port de Bordeaux est grande. Les quais, bordés de docks et où s'élèvent les principaux monuments de la ville, sont pourvus d'un outillage perfectionné. Le port de Bordeaux est complété par celui de Pauillac, où abordent les grands navires. Ce qui manque à Bordeaux, c'est d'être desservi par de bonnes voies navigables. Le canal dont la Garonne a été doublée et qui traverse le Tarn sur un beau pont-aqueduc, près de Moissac, est tout à fait insuffisant.

9. — PONT-AQUEDUC PRÈS DE MOISSAC

10. — LA GARONNE À TOULOUSE

A Toulouse, la Garonne est déjà un beau fleuve dont la largeur atteint 200 mètres. Malheureusement sa vallée est peu profonde: le faubourg de Saint-Cyprien, qu'on aperçoit à l'arrière-plan, n'est qu'à 2 ou 3 mètres au-dessus des hautes eaux du fleuve. Aussi les inondations, qui se produisent à la suite des pluies de printemps, sont-elles souvent désastreuses.

Table des Matières